目次

古文ジャンル解説

古文の作品は、大まかに「**説話**」「**物語**」「**日記**」「**随筆**」「**評論**」の五つのジャンルに分類することができます。ジャンルごとに特徴があるので、それぞれの特徴を知っておくと、読解の助けとなり、短い試験時間の中で正解を出すのに有利になります。

問題を解き始める前に、リード文（古文本文の前に示される説明文）や古文本文の最後に書かれている作品名（出典）を必ず確認しましょう。その作品のジャンルがわかる場合は、ジャンルの特徴や読むときの注意事項を頭に置きながら読み進めます。ジャンルがわからない場合や、作品名が書かれていない場合は、主語や主旨を問う設問などを参考にして、ジャンルを知る手がかりを見つけながら読み進めます。本書は、問題をジャンル別に掲載しています。本書をとおして、**ジャンルを意識した読み方**を身につけましょう。

説話

説話とは、伝説や民話を編者がまとめたものです。世事一般を扱いさまざまな階層の人々の姿を描いた**世俗説話**と、仏教信仰を広めるために書かれた**仏教説話**とに、大きく分けられます。どちらも意図を持って語られており、そこに教訓を読み取ることができます。

◎代表的な作品

世俗説話集＝宇治拾遺《うじしゅうい》物語・今《いま》物語・十訓抄《じっきんしょう》・古今著聞集《ここんちょもんじゅう》

仏教説話集＝発心集《ほっしんしゅう》・閑居友《かんきょのとも》・撰集抄《せんじゅうしょう》・沙石集《しゃせきしゅう》

世俗説話・仏教説話とも収録した説話集＝今昔《こんじゃく》物語集・古本《こほん》説話集

読解ポイント　編者の評価

一話一話が比較的短く、入試に出題されるときも一話完結の形をとります。主人公の言動が中心に描かれ、長々とした心情描写などは少ないのが特徴です。

文章の構成としては、まず主人公が紹介されます。そして、主人公が出来事に遭遇し、それに対して発言したり行動したりします。最後に、**その言動に対する編者の評価や感想、教訓**が述べられます。編者の評価や感想、教訓を読み取ることが、重要な読解ポイントとなります。

1　主人公の置かれた状況を読み取る（前提）

2　出来事と主人公の言動を読み取る（発端・展開）

▽「動詞」に着眼して、主人公の言動を読み進めます。

3　編者の評価や感想、教訓を読み取る（結末）

▽「形容詞」などに着眼して、評価や感想、教訓を読み取ります。

物語

物語は、いくつかの種類に分類することができます。中でも入試で多く出題されるのは、作り物語と歌物語です。**作り物語**は、虚構の物語で、多くは長編です。**歌物語**は、和歌の詞書《ことばがき》(説明文)が発達した、和歌を中心とした物語です。

物語には他に、歴史的事実を物語風に描いた**歴史物語**、武士たちの合戦を主題にした**軍記物語**などがあります。入試では、平安時代の作り物語を模した**擬古物語**も頻出です。

◎代表的な作品

作り物語＝竹取《たけとり》物語・うつほ物語・落窪《おちくぼ》物語・源氏《げんじ》物語・狭衣《さごろも》物語・堤中《つつみちゅう》納言《なごん》物語
歌物語　＝伊勢《いせ》物語・大和《やまと》物語・平中《へいちゅう》物語
歴史物語＝栄花《えいが》物語・大鏡《おおかがみ》・今鏡《いまかがみ》・水鏡《みずかがみ》・増鏡《ますかがみ》
軍記物語＝保元《ほうげん》物語・平治《へいじ》物語・平家《へいけ》物語・太平記《たいへいき》

読解ポイント 登場人物の心情

作り物語は、多くは長編で、入試では一部分が切り取られて出題されます。そのため、多くの場合、リード文があり、**人物関係やそれまでの経緯**が説明されています。ですから、まず、リード文の内容をきちんと読み取ることが必要です。そのうえで、本文に書かれた状況の変化と、その変化を受けた**登場人物の心情**を読み取ります。登場人物の心情を描くのが、作り物語の特徴です。

歌物語は、一話一話が比較的短く、入試で出題されるときは一話完結の形をとります。リード文はない場合が多いので、本文から人物関係や状況を把握して、**歌に詠まれた心情**を読み取ります。

作り物語

1 リード文や注から人物関係や状況を読み取る
▽人物関係図があれば参照し、なければ自分で簡単に書きます。

2 本文から状況の変化を読み取る
▽時間の経過や状況の変化などを把握し、場面を確認します。
▽それぞれの場面(段落)の主要な人物を把握します。

3 変化に応じた人物の心情を読み取る
▽因果関係を理解し、人物の心情を読み取ります。

歌物語

1 本文から人物関係を読み取る
▽人物関係の把握によって、状況や心情の理解を深めます。

2 歌の詠まれた状況を読み取る

3　歌に詠まれた心情を読み取る
▽和歌の前後の文章も手がかりにして、掛詞《かけことば》などの修辞を見つけます。修辞は、強調したい部分に用いられるので、心情を読み取るヒントになります。

日記

日記とは、自分の身の周りで起きた出来事を回想的に記したもので、旅行中の見聞や感想を記した**紀行文**や、個人の和歌を集めた**私家集**のうち詞書が長く日記的要素の強いものも、日記のジャンルに含まれます。

◎代表的な作品
日記　＝土佐《とさ》日記・蜻蛉《かげろう》日記・和泉式部《いずみしきぶ》日記・紫式部《むらさきしきぶ》日記・更級《さらしな》日記・讃岐《さぬきの》典侍《すけ》日記・うたたね
紀行文＝海道記《かいどうき》・東関紀行《とうかんきこう》・十六夜《いざよい》日記・都《みやこ》のつと・おくのほそ道《みち》
私家集＝四条宮下野集《しじょうのみやのしもつけしゅう》・成尋阿闍梨母集《じょうじんあじゃりのははのしゅう》・建礼門院右京大夫集《けんれいもんいんうきょうのだいぶしゅう》

読解ポイント　「私」（＝筆者）の心情

入試では長い作品の一部が切り取られて出題されるので、多くの場合、リード文があります。まず、リード文で**人物関係やそれまでの経緯**を読み取ります。

日記の最大の特徴は、**「私」（＝筆者）という一人称の主語が省略されること**です。場合によっては、筆者の心を占めている相手（夫や恋人）を示す主語も省略されます。したがって、**主語を考えて読み進めること**が鍵となります。そのうえで、「私」の身に起きた出来事、そのときの**「私」の心情**を読み取ります。

1　リード文から人物関係やそれまでの経緯を読み取る
2　省略されている主語（「私」など）を補って読み進める
▽「助詞」や「敬語」に着眼し、主語を決定します。
3　「私」の身に起きた出来事を読み取る
4　出来事に遭遇したときの「私」の心情を読み取る
▽「私」や他者の言動に着眼し、心情を読み取ります。

随筆

随筆とは、筆者が日常の中で感じたことや強いこだわりを持っていることを、思いつくままに書いたものです。

◎代表的な作品
枕草子《まくらのそうし》・方丈記《ほうじょうき》・徒然草《つれづれぐさ》・折《おり》たく柴《しば》の記《き》・玉勝間《たまかつま》・花月草紙《かげつそうし》

読解ポイント **筆者のこだわり（好悪）**

一話が比較的短く、入試で出題されるときは、多くの場合、一話完結の形をとります。

リード文はない場合がほとんどなので、本文から**筆者の関心事（テーマ）**を把握します。具体例や対比に着目しながら読み進めて、**筆者の「こだわり（好悪）」や「価値観」**を読み取ります。強いこだわりは筆者の主義・主張に通じますから、その点は「評論」に似ていますが、論理的でないところが「随筆」の特徴です。

> **1 筆者の関心事（テーマ）を把握する**
> **2 具体例や対比を読み取る**
> **3 筆者の「こだわり」や「価値観」を読み取る**
> ▽プラスの評価（好き）とマイナスの評価（嫌い）を把握して、結論を読み取ります。

評論

古文で出題される評論には、歌論や能楽論などがあります。歌論や能楽論は、歌や能に対する筆者の見解や是非を論じたものです。

◎代表的な作品
俊頼髄脳《としよりずいのう》・無名草子《むみょうぞうし》・無名抄《むみょうしょう》・毎月抄《まいげつしょう》・風姿花伝《ふうしかでん》・歌意考《かいこう》・源氏物語玉《たま》の小櫛《おぐし》

読解ポイント **筆者の主張（是非）**

入試では、一話完結の形で出題される場合はリード文がなく、長い文章を切り取って出題される場合にはリード文があります。リード文がある場合には、まずリード文をしっかり読んで、**評論のテーマ**を把握します。

本文は、具体例や対比に着目しながら読み進め、**論理的な根拠**を確認して、**筆者の「主張（是非）」**を読み取ります。具体例や対比が示される点は「随筆」と共通していますが、根拠を示して論理的に論じているのが「評論」の特徴です。

> **1 評論のテーマを把握する**
> **2 具体例や対比を読み取る**
> **3 論理的な根拠を読み取る**
> **4 筆者の主張を読み取る**
> ▽プラスの評価（是）とマイナスの評価（非）を把握して結論を読み取ります。

1 説話

十訓抄《じっきんしょう》

学習テーマ▼ 初回は、世俗説話の中でも教訓色の強い作品を扱います。さまざまな出来事に遭遇する主人公の言動を、丁寧に拾い上げながら読み進めます。そして、主人公の言動や姿勢がどういうものとして捉えられ、それに対する編者の評価はどのようなものか、本文中の評価を表す言葉を探し出して、そこから編者が読者に伝えたい教訓を読み取ります。

目標解答時間 20分

本冊（解答・解説）p.12

◆次の文章を読んで、後の問いに答えなさい。

昔、唐《もろこし》に塞翁《さいをう》といふ翁《おきな》あり。賢く強き馬を持ちたり。これを人にも貸し、我も使ひつつ、世をわたる便りにしけるほどに、この馬いかがしたりけむ、いづちともなく失《う》せにけり。聞きわたる人、いかばかり嘆くらむとて aとぶらひければ、「悔《く》いず」とばかり言ひて、つゆも嘆かざりけり。

人あやしと思ふほどに、この馬、同じさまなる馬を多く bゐてきにけり。いとありがたきことなれば、親しき疎き、喜びを言ふ。かかれども、また、「悦《よろこ》ばず」と言ひて、これをも驚く気色《けしき》なくて、この馬あまたを飼ひて、さまざまに使ふ間に、翁が子、今出《い》で来たる馬に乗りて、落ちて、右肘《みぎひぢ》を突き折りにけり。

聞く人、目を驚かして問ふにも、なほ、「悔いず」と言ひて、気色も変はらず。つれなく同じさまにいらへて①過ぎけるに、そのころ、にはかに国に軍《いくさ》おこりて、兵を集められけるに、国中さもあるもの残りなく出でて、皆死ぬ。この翁の子、かたはなるによつてもれにければ、片手は折れたれども、命は全《まつた》かりけり。これ賢きためしに申し伝へたり。今もよき人は、毎事動きなく、心浅からぬは、この翁が心に通へるなどぞ②みゆる。

（『十訓抄』による）

問一 傍線部a「とぶらひ」、b「ゐ」を漢字に改めなさい（送りがなは不要）。（各3点）

a

b

問二 傍線部①「過ぎ」、②「みゆる」の文法的説明として最も適当なものを、次の中からそれぞれ選びなさい。（各2点）

ア 上一段活用動詞の連体形　イ 下二段活用動詞の終止形　ウ 下二段活用動詞の連体形

エ 上二段活用動詞の未然形　オ 上二段活用動詞の連用形

①

②

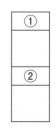

問三　この話から得られる教訓はどのようなことか。次の中から最も適当なものを選びなさい。（8点）

ア　つらいことや悲しいことがあっても、悲観しすぎてはいけない。

イ　楽しいことやうれしいことがあっても、有頂天になってはいけない。

ウ　人生、苦しいことばかりではなく、楽しいこともあるものだ。

エ　物事は、考え方次第で、良くも悪くもなるものだ。

オ　人生、何が幸いし、何が災いするかはわからないものだ。

問四　この話に由来することわざを八字で答えなさい。（8点）

問五　『十訓抄』と同時代の作品を次の中から一つ選びなさい。（4点）

ア　伊曽保物語　　イ　今昔物語集　　ウ　古今著聞集

エ　伊勢物語　　オ　日本霊異記

（明治大学出題　改）

30点

2 説話

宇治拾遺物語《うじしゅういものがたり》

学習テーマ▼ 1講の『十訓抄《じっきんしょう》』は教訓色の濃い説話でしたが、今回は世俗説話の中でも教訓色の薄い話を取り上げます。今風に言えば「笑える話」です。登場人物の言動を追いながら読み進めるのは言うまでもありませんが、文章のどこに「笑い」を生む要因があったかを読み取ります。

目標解答時間 20分

本冊（解答・解説）p. 22

◆次の文章を読んで、後の問いに答えなさい。

これも今は昔、白河院の御時、北面《きたおもて》の曹司《ざうし》に、①うるせき女ありけり。名をば六《ろく》とぞいひける。殿上人ども、もてなし興じけるに、雨うちそぼ降りて、つれづれなりける日、ある人、「六呼びてつれづれ慰めん」とて使ひをやりて、「六呼びて来」と言ひければ、ほどもなく、「六召して参りて候《さぶら》ふ」と言ひければ、「あなたより内の(注1)出居《でゐ》の方《かた》へ具して来」と言ひければ、侍《さぶらひ》出で来て、「こなたへ参り給《たま》へ」と言へば、「②便なく候ふ」など言へば、侍帰り来て、「召し候へば、『便なく候ふ』と申して、恐れ申し候ふなり」と言へば、(注2)つきみて言ふにこそと思ひて、「などかくは言ふぞ。ただ来」と言へども、「③ひが事にてこそ候ふらめ。先々も、内の御出居などへ参ることも候はぬに」と言ひければ、この多くゐたる人々、「ただ参り給へ。やうぞあるらん」

と責めければ、「ずちなき恐れに候へども、召しにて候へば」とて参る。この主《あるじ》見やりたれば、刑部録《ぎやうぶのろく》といふ庁官、鬢《びん》・鬚《ひげ》に白髪まじりたるが、とくさ(注3)の狩衣《かりぎぬ》に青袴《あをばかま》着たるがいと④ことうるはしく、さやさやとなりて、扇を笏《しやく》にとりて、少しうつぶして、うづくまりゐたり。

大方《おほかた》いかに言ふべしともおぼえず、ものも言はれaねば、この庁官いよいよ恐れかしこまりてうつぶしたり。主、さてあるべきならねば、「やや、庁には、また何者か候ふ」と言へば、「それがし、かれがし」と言ふ。⑤いとげにげにしくもおぼえずして庁官うしろざまへすべりゆく。この主、「かう宮仕へするこそ神妙《しんべう》なれ。見参《げんざん》には必ず入れんずるぞ。とうまかりbね」とこそやりけれ。

この六、後に聞きて笑ひけるとか。

(『宇治拾遺物語』による)

注

1 内の出居――院の御所の客間。

2 つきみて――遠慮して。

3 とくさ――木賊《とくさ》色。衣服の表裏の色の配合をいう「襲《かさね》の色目《いろめ》」の一つ。老人が用いた。

2

問一　傍線部①「うるせき女」、②「便なく候ふ」、③「ひが事」、④「ことうるはしく」の意味として最も適当なものを、次の各群の中からそれぞれ選びなさい。（各2点）

①　うるせき女
ア　こうるさい女
イ　なまいきな女
ウ　美人で評判の高い女
エ　賢い女

②　便なく候ふ
ア　とんでもないことでございます
イ　納得がいかずいやでございます
ウ　わけもないことでございます
エ　慎んでお受けいたします

③　ひが事
ア　非常事態
イ　無理難題
ウ　意地悪
エ　間違い

④ ことうるはしく
ア 悲しそうに
イ きちんとして
ウ かわいらしく
エ きらびやかに

①	②	③	④

問二 この文章中には、係り結びが何箇所か使われている。そのうちの結びの語が助動詞であるものはいくつあるか。次の中から最も適当なものを選びなさい。（2点）

ア 三箇所　イ 四箇所　ウ 五箇所　エ 六箇所　オ 七箇所

問三 二重傍線部a・bの「ね」の文法的説明として最も適当なものを、次の中からそれぞれ選びなさい。（各2点）

ア 完了の助動詞　イ 打消の助動詞　ウ 禁止の終助詞　エ 願望の終助詞

a	b

問四　傍線部⑤「いとげにげにしくもおぼえずして」について、⑴主語は誰か。次の中から一つ選びなさい。また、⑵その傍線部の現代語訳として最も適当なものを、次の中から選びなさい。（⑴2点・⑵3点）

⑴　主語――ア　六　　イ　侍　　ウ　刑部録（庁官）　　エ　殿上人

⑵　現代語訳――ア　なぜ呼ばれたのかまったくわからないで

イ　全然歓待されてはいないということがわかって

ウ　逃げ出したい気持ちが抑えきれなくなって

エ　驚きのあまり茫然自失して

⑴
⑵

問五　この文章の内容に合致しないものを、次の中から選びなさい。（完答6点）

ア　殿上人たちは、時々「六」という女を呼び出しては話し相手として楽しんでいた。

イ　刑部録という老庁官が「録」と「六」のロク違いで間違って呼び出された。

ウ　老庁官は、いわれのない叱責と詰問に恐れるばかりで、恐怖のためうずくまっていた。

エ　案に相違した殿上人たちは、老庁官にその場を取り繕うための質問をした。

オ　老庁官は、分に応じて礼儀正しく控えめな人物であった。

カ　この取り違えは、実は、殿上人を楽しませようとする「六」の機知が生んだものであった。

問六　この文章の趣旨を簡潔に表現するものとして最も適当なものを、次の中から選びなさい。（5点）

ア　ユーモラスな誤解　　イ　痛烈な風刺　　ウ　女の驕慢《きょうまん》さ

エ　軽妙な遊び心　　オ　過ぎたる悪戯《いたずら》

30点

（名城大学出題　改）

伊勢物語《いせものがたり》

学習テーマ▼ 今回は歌物語を扱います。歌物語は「詞《ことば》書《がき》」が発展したものです。「詞書」とは、歌の作者や制作状況を簡単に説明したものです。つまり、歌物語は、「歌の説明文」なのです。物語の中心に据えられた歌について、①どのような状況で、②どのような人物が、③どのような気持ちを詠んだのか、この三点をしっかり読み取ることが大切です。また、歌物語は一話完結なので、長編物語よりも「説話」に近い性質を備えています。登場人物を整理し、動作の主体を確認しながら、読み進めていきます。

目標解答時間 **20分**

本冊（解答・解説）p.32

◆次の文章を読んで、後の問いに答えなさい。

むかし、左兵衛督《さひやうゑのかみ》なりける在原《ありはら》の行平《ゆきひら》といふありけり。その人の家によき酒ありと聞きて、上にありける左中弁《さちゆうべん》藤原《ふぢはら》の良近《まさちか》といふをなむ、①まらうどざねにて、その日はあるじまうけ a したりける。②なさけある人にて、瓶《かめ》に花をさせり。その花の中に、あやしき藤の花ありけり。花のしなひ三尺六寸ばかりなむあり **A** 。それを題にて詠む。詠みはてがたに、あるじのはらからなる、あるじし給ふと聞きて来たりければ、とらへて詠ませける。もとより歌のことは知らざりければ、b すまひけれど、強ひて詠ませければ、かくなむ。

咲く花の下にかくるる人 B 多 C ありしにまさる藤のかげかも

「などかくしも詠む」と言ひければ、「おほきおとど(注1)の栄華の盛りにみまそがりて(注2)、藤氏《とうし》のことに栄ゆるを思ひて詠める」となむ言ひける。③皆人、そしらずなりにけり。

(『伊勢物語』による)

注
1 おほきおとど——太政大臣藤原良房《よしふさ》。
2 みまそがり——「いまそがり」と同義。

問一 傍線部a「したりける」、b「すまひけれど」の主語を示す語句を、本文中からaは五字、bは十字で抜き出しなさい。(各3点)

a	b

問二　空欄 A に入れる語として最も適当なものを、次の中から選びなさい。（2点）

ア　けり　イ　ける　ウ　けれ　エ　き　オ　しか

問三　空欄 B ・ C に当てはまるひらがな一字をそれぞれ答えなさい。（各2点）

B	
C	

問四　傍線部①「まらうどざね」、②「なさけある人」の解釈として最も適当なものを、次の各群の中から選びなさい。（各3点）

① まらうどざね
ア　雅客
イ　正客
ウ　新客
エ　珍客
オ　来客

② なさけある人
ア　人の悲しみが理解できる人
イ　心が広く相手のあやまちも許せる人
ウ　歌の上手な人
エ　花の好きな人
オ　上手に趣向がこらせる人

①	
②	

問五　傍線部③「皆人、そしらずなりにけり」とあるが、どうしてそうなったのか。次の中から最も適当なものを選びなさい。（8点）

ア　歌が非常にうまく、深く感動したので。

イ　下手な歌と笑ってやろうと思った意図に反したので。

ウ　歌の作者の巧みな説明に納得したので。

エ　自分たちの知恵の低さが露顕しそうになったので。

問六　『伊勢物語』と同じジャンルに属する作品を、次の中から一つ選びなさい。（4点）

ア　竹取物語　イ　大和物語　ウ　うつほ物語　エ　落窪物語　オ　宇治拾遺物語

（中央大学出題　改）

30点

4

物語

竹取物語《たけとりものがたり》

学習テーマ▼ 長編物語における主人公やそれを取り巻く人物たちの心情を読み取ります。問題文は、長い話の一部分を切り取ったものです。よって、説話や歌物語のように結論があるわけではありません。何か事態が変化した場面が切り取られています。その中で、登場人物たちがどのような言動をするのかを読み取ります。『竹取物語』は主語が明記されていることが多く読みやすい作品ですから、まずは『竹取物語』で長編物語を読むことに慣れましょう。

目標解答時間 20分

本冊（解答・解説）p. 42

◆次の文章を読んで、後の問いに答えなさい。

さて、かぐや姫のかたちの、a世に似ずめでたきことを、帝《みかど》きこしめして、内侍《ないし》中臣《なかとみ》のふさこにのたまふ、「多くの人の身をいたづらになして会はざ①なるかぐや姫は、いかばかりの女ぞと、まかりて見て参れ」とのたまふ。ふさこ、うけたまはりてまかれり。竹取の家に、かしこまりて請《しやう》じ入れて、会へり。嫗《おうな》に内侍のたまふ、「仰せ言に、かぐや姫のかたち、優におはすなり。よく見て参るべきよし、のたまはせつるになむ、参りつる」と言へば、「さらば、かく申し侍らむ」と言ひて入りぬ。かぐや姫に、「はや、かの御使ひに対面し給《たま》へ」と言へば、かぐや姫「bよきかたちにもあらず。いかでか見ゆべき」と言へば、「②うたてものたまふかな。帝の御使ひをば、いかでかおろかにせむ」と言へば、かぐや姫の答ふるやう、「帝の召してのたまはむこと、かしこしとも思はず」と言ひて、さらに見ゆべくもあらず。生める子のやうにあれど、いと心恥づかしげに、おろそかなるやうに言ひければ、心のままにも

[A] 責めず。

嫗、内侍のもとに帰り出《い》でて、「口惜しく、この幼きものは、Cこはくはべるものにて、対面すまじき」と申す。内侍「必ず見奉りて参れ、と仰せ言ありつるものを、③見奉らでは、いかでか帰り参らむ。国王の仰せ言を、まさに世に住み給はむ人の、うけたまはり給はでありなむや。言はれぬことなし給ひそ」と、言葉恥づかしく言ひければ、これを聞きて、ましてかぐや姫、聞くべくもあらず。「国王の仰せ言を背かば、はや殺し給ひてよかし」と言ふ。この内侍帰り参りて、このよしを [B]。

（『竹取物語』による）

4

問一　傍線部a「世に似ずめでたき」、b「よきかたちにもあらず」、c「こはくはべるもの」の解釈として最も適当なものを、次の各群の中から選びなさい。（各4点）

a　世に似ずめでたき

ア　この世の存在と違って、魅力がある
イ　他の誰よりも、愛着を感じる
ウ　世間に類がなく、すばらしい
エ　他人の評価とは違って、かわいい

b　よきかたちにもあらず

ア　内侍とここで会うのは、よい段取りでもない
イ　帝は、私にとって、美男子でもない
ウ　この縁談は、いい話でもない
エ　私は、よい顔立ちでもない

c　こはくはべるもの

ア　強情な者
イ　乱暴な者
ウ　非情な者
エ　凶悪な者

a
b
c

問二　傍線部①「なる」の文法的説明として最も適当なものを、次の中から選びなさい。（2点）

ア　断定の助動詞　**イ**　伝聞・推定の助動詞　**ウ**　動詞　**エ**　形容動詞の活用語尾

問三　傍線部②「うたてものたまふかな」の解釈として最も適当なものを、次の中から選びなさい。（5点）

ア　帝の求婚は、あなたの気の進まない言い方ですよねえ

イ　ああ、ほんとにいやですね、帝からいただいた贈り物は

ウ　あなたは、よくぞ、断りの返事をおっしゃいましたね

エ　あら、いやだ。そんな冷たい言葉を申し上げて

オ　あなたのそのご返事は、残念なおっしゃり方ですねえ

4

問四　傍線部③「見奉らでは、いかでか帰り参らむ」の現代語訳として最も適当なものを、次の中から選びなさい。（5点）

ア　かぐや姫が帝にお会い申し上げないというのでは、私は帝のところに帰れましょうか
イ　私が帝を見申し上げないでは、どうしてここに再び帰り参れましょうか
ウ　かぐや姫が私の顔を見ないのであれば、どうして宮中から帰り参れましょうか
エ　私がかぐや姫のお顔を見申し上げないでは、どうして帝のところに帰り参れましょうか
オ　かぐや姫が帝と結婚なさらないというのでは、どうして私は帝のもとへ帰れましょうか

□

問五　空欄 A に入れるのに最も適当な語を次の中から選びなさい。（3点）

ア　さらに　**イ**　よも　**ウ**　え　**エ**　な　**オ**　つゆ

□

問六　空欄 B に入れるのに最も適当な語を次の中から選びなさい。（3点）

ア　申す　**イ**　のたまふ　**ウ**　奏す　**エ**　啓す　**オ**　仰す

□

4

（中央大学出題　改）

/30点

5 物語

源氏物語《げんじものがたり》

学習テーマ▼ 今回は長編物語の最も代表的な作品である『源氏物語』を扱います。説話が人の行動を描くのに対して、物語は人の心情を描くのが大きな特徴です。物語を読むことは、人の心を読むことにほかなりません。登場人物の心情がどのような関係を踏まえ、事態の変化によってどのように変化したかを読み取ります。心情は、会話の中に表現されることが多いですが、それだけではありません。地の文も含め文章全体をしっかり読むことが大切です。また、心情を正しく読み取るためには、形容詞の知識が欠かせません。

目標解答時間 **20分**

本冊（解答・解説）p. 54

◆次の文章は『源氏物語』の、年老いて患っている乳母《めのと》を、光源氏が見舞った一節である。これを読んで、後の問いに答えなさい。

尼君も起き上がりて、「惜しげなき身なれど、捨てがたく思ひ給へ[X]つることは、ただかく御前《おまへ》にさぶらひ御覧[(注1)]ぜらるることの変はりはべりなむ[a]ことを、口惜しう思ひ給へたゆたひ[(注2)]しかど、①忌むことのしるしに、よみがへりてなむ[b]、かく渡りおはしますを見給へはべりぬれば、今なむ[c]阿弥陀仏《あみだほとけ》の御光《ひかり》も心清く待たれはべるべき」など聞こえて、弱げに泣く。

「日ごろ、②おこたりがたくものせらるるを、[A]安からず嘆きわたりつるに、かく世を離るるさまにものし給へば、いとあはれに口惜しうd なむ。命長くて、B なほ位高くなども見なし Y 給へ。さてこそ(注3)九品《ここのしな》の上《かみ》にも障りなく生まれ給はめ。この世にすこし恨み残るは、わろきわざと e なむ聞く」など涙ぐみて Z のたまふ。かたほなるをだに、乳母やうの思ふべき人は、③あさましうまほに見なすものを、ましていと面立《おもだ》たしう、なづさひ仕《つか》うまつりけむ身も、いたはしう、かたじけなく思ほゆべかめれば、すずろに涙がちなり。

（『源氏物語』による）

注
1 御覧ぜらるること —— お目にかかること。「らるる」は受身の助動詞で、相手が「ご覧になる」対象が自分であるということ。
2 たゆたひしかど —— ためらったけれど。
3 九品の上 —— 浄土信仰で極楽往生する際の最高位、上品上生《じょうぼんじょうしょう》をさす。

5

問一　傍線部①「忌むことのしるし」、②「おこたりがたく」、③「あさましう」の意味として最も適当なものを、次の各群の中から選びなさい。（各2点）

① 忌むことのしるし
ア　凶事の前兆
イ　神様の御利益
ウ　嫌っている証拠
エ　出家の功徳
オ　お清めのお陰

② おこたりがたく
ア　怠けにくく
イ　病が治りにくく
ウ　とぎれがちに
エ　油断できず
オ　ご無沙汰がちに

③ あさましう
ア　あきれるほど
イ　見苦しいくらい
ウ　はなはだしく
エ　なげかわしく
オ　いやしく

①
②
③

問二　波線部A「安からず嘆きわたりつる」、B「なほ位高く」の主語は誰か。それぞれ漢字で答えなさい。（各2点）

A	B

問三　傍線部X・Yの「給へ」について、⑴敬語の種類と、⑵誰が、⑶誰を敬って使ったものかを答えなさい。（各1点）

	⑴	⑵	⑶
X			
Y			

問四　傍線部Z「のたまふ」と同意の語で、敬意の向けられる方向が異なる語を、本文中から取り出し、終止形で答えなさい。（3点）

5

問五　二重傍線部a～eの「なむ」の説明として最も適当なものを、次の中からそれぞれ選びなさい。（各1点）

ア　係助詞で係り結びの法則どおり、その結びが連体形となっている。
イ　係助詞であるが、結びの部分は省略されている。
ウ　係助詞であるが、結びは接続の関係で連体形をとっていない。
エ　係助詞ではなく、願望を表す終助詞である。
オ　係助詞ではなく、完了の助動詞「ぬ」に推量の助動詞「む」の接続したものである。

a	
b	
c	
d	
e	

問六　尼君は、かつて源氏を育てた乳母として、立派に成人した源氏を目の前にして、どのように思っているか。次の中から最も適当なものを選びなさい。（6点）

ア　乳母というものは、不出来な子もかわいいものだから、どうしても源氏を身びいきしてしまうものだ。
イ　我が身は少しも惜しくないが、源氏の将来だけは心配でたまらない。
ウ　病気のおかげで源氏に会うことができ、病気の我が身がいたわしくもありがたい。
エ　名誉なこととお仕え申し上げた我が身も、今は病気で寂しく、源氏のお見舞いは実にうれしい。
オ　こんな立派なお方になれ親しんでお仕え申し上げた我が身までが、我ながら大切でもったいない。

5

（和洋女子大学・京都産業大学出題　改）

／30点

6 日記

更級日記《さらしなにっき》

学習テーマ▼ 今回は日記を扱います。日記といっても単にその日の出来事を記録したり、その時々の感想を書き記したりしたものではありません。特に平安時代のものは脚色されていて、正しくは「日記文学」ということです。物語とのいちばんの違いは、書き手である「私」が中心にいることです。「私」自身に、または「私」の周辺で起きた出来事について、「私」はどう思ったか、ということが記されています。ただし、日記では「私」という主語は省略されますので、主体を正しく把握することが読解のポイントになります。

目標解答時間 20分

本冊（解答・解説）p. 66

◆次の文章を読んで、後の問いに答えなさい。

花の咲き散る折ごとに、乳母《めのと》亡くなりし折ぞかしとのみあはれなるに、同じ折亡くなり［A］し侍従の大納言の御女《みむすめ》の①手を見つつ、すずろにあはれなるに、五月《さつき》ばかり、夜ふくるまで物語を読みて起きゐたれば、②来つらむ方《かた》も見えぬに、猫のいとなごう鳴いたるを、驚きて見れば、いみじうをかしげなる猫あり。いづくより来つる猫ぞと見るに、姉なる人、「［1］。人に聞かすな。いとをかしげなる猫なり。飼はむ」とあるに、いみじう人なれつつ、かたはらにうち臥《ふ》したり。尋ぬる人やあると、これを隠して飼ふに、すべて下衆《げす》のあたりにも寄らず、つと前にのみありて、物もきたなげなるはほかざまに顔を向けて食はず。姉おととの中につとまとはれて、をかしがりらうたがるほどに、姉の③悩むことあるに、もの騒がしくて、この猫を北面《きたおもて》にのみあらせて呼ばねば、かしがましく鳴きののしれども、なほさるにてこそはと思ひてあるに、わづらふ姉④驚きて、「[2]、猫は。こち率《ゐ》て来《こ》」とあるを、「[3]」と問へば、「夢にこの猫のかたはらに来て、おのれは侍従の大納言の御女のかくなりたるなり。さるべき縁の[4]ありて、この中の君のすずろにあはれと思ひ出《い》で給へば、[5]ここにあるを、このごろ下衆の中にありていみじうわびしきことと言ひていみじう泣くさまは、あてにをかしげなる人と見えてうち驚きたれば、この猫の声にてありつるが、いみじくあはれなるなり」と語り給ふを聞くに、いみじくあはれなり。

（『更級日記』による）

問一　空欄 1 ～ 5 に入れる語として最も適当なものを、次の中からそれぞれ選びなさい。ただし、同じ選択肢を二度以上選んではいけません。（各2点）

ア　いづら　イ　ただしばし　ウ　あなかま　エ　いささか　オ　など

1	2	3	4	5

問二　空欄 A に入る補助動詞を本文中より抜き出し、ここでの活用形で書きなさい。（2点）

問三　傍線部①「手」の意味として最も適当なものを、次の中から選びなさい。（2点）

ア　琴　イ　筆跡　ウ　手柄　エ　位牌《いはい》　オ　形見

問四　傍線部②「来つらむ」の文法的説明として最も適当なものを、次の中から選びなさい。（2点）

ア　動詞「来」の連用形＋完了の助動詞「つ」の終止形＋現在推量の助動詞「らむ」の終止形

イ　動詞「来」の連用形＋完了の助動詞「つ」の終止形＋存続の助動詞「り」の未然形＋推量の助動詞「む」の連体形

ウ　動詞「来」の連用形＋完了の助動詞「つ」の終止形＋現在推量の助動詞「らむ」の連体形

エ　動詞「来」の終止形＋強意の助動詞「つ」の終止形＋存続の助動詞「り」の未然形＋推量の助動詞「む」の連体形

オ　動詞「来」の終止形＋強意の助動詞「つ」の終止形＋現在推量の助動詞「らむ」の連体形

問五　**傍線部③「悩む」を本文中の他の語で書き換えなさい。**（２点）

問六　**傍線部④「驚きて」の現代語訳を四字のひらがなで書きなさい。**（２点）

問七　本文中で猫が語ったとされる部分がある。その初めと終わりの三字（句読点を含む）をそれぞれ抜き出しなさい。（完答４点）

〜

問八　この文章は菅原孝標《すがわらのたかすえ》の娘の日記であるが、本文中で筆者を指す語句を二つ、それぞれ三字以内で抜き出しなさい。（各３点）

30点

（南山大学出題　改）

7 日記

土佐日記《とさにっき》

学習テーマ▼ 前回は物語に近い要素も含んでいる『更《さら》級日記《しなにっき》』を扱いましたが、今回は、ひらがなで書かれた最初の日記文学である『土佐日記』を取り上げます。「私」（筆者）の身に起きた出来事や、それに対する筆者の気持ちや対応がどのようなものであるかを読み取ります。

目標解答時間 20分

本冊（解答・解説）p.76

◆次の文章を読んで、後の問いに答えなさい。

夜ふけて来れば、所々も見えず。京に入り立ちてうれし。家に至りて、門《かど》に入るに、月明《あか》ければ、いとよくありさま見ゆ。聞きしよりもまして、ａ言ふかひなくぞこぼれ破《やぶ》れたる。家に預けたりつる人の心も、荒れたるなりけり。①中垣こそあれ、一つ家のやうなれば、Ａ望みて預かれるなり。ｂさるは、便りごとに物も絶えず得させたり。今宵《こよひ》、「かかること」と、声高《こわだか》にＢものも言はせず。②いとはつらく見ゆれど、（注１）志《こころざし》はせむとす。

さて、池めいてくぼまり、水つける所あり。ほとりに松もありき。五年六年《いつとせむとせ》のうちに、千年《ちとせ》や過ぎにけむ、かたへはなくなりにけり。今生《お》ひたるＸぞまじれる。大方《おほかた》のみな荒れにたれば、「あはれ」とぞ、人々言ふ。

思ひ出《い》でぬことなく、思ひ恋しきがうちに、この家にて生まれし女子《をんなご》の、③もろともに帰らねば、いかがは悲しき。(注2)船人《ふなびと》も、みな子たかりてののしる。かかるうちに、なほ悲しきに堪へずして、ひそかに心知れる人と言へりける歌、

生まれしも帰らぬものをわが宿《やど》に小松のあるを見るが悲しさ

とぞ言へる。なほ飽《あ》かずやあらむ。またかくなむ。

見し人の松の千年に見ましかば遠く悲しき別れせましや

忘れがたく、C口惜《くちを》しきこと多かれど、え尽くさず。とまれかうまれ、疾《と》く破《や》りてむ。

(『土佐日記』による)

注
1 志――お礼の贈り物。
2 船人――船旅をして筆者とともに帰ってきた人々。

7

問一 傍線部a「言ふかひなく」、b「さるは」、c「口惜しきこと」の意味として最も適当なものを、次の各群の中から選びなさい。（各2点）

a　言ふかひなく

ア　言うほどのことでもなく
イ　言いようがないほど
ウ　言うまでもなく
エ　言えば言うほど
オ　言う以上に

b　さるは

ア　そこで
イ　そして
ウ　まして
エ　そのうえ
オ　それでも

c　口惜しきこと

ア　このうえなく楽しいこと
イ　残念で心残りなこと
ウ　口に出すのも惜しいくらい大切なこと
エ　悔しくて情けないこと
オ　つまらないこと

a
b
c

問二 波線部A「望みて預かれるなり」、B「ものも言はせず」の主語を、次の中からそれぞれ選びなさい。（各2点）

ア 従者たち　イ 筆者　ウ 同船した人々　エ 隣家の住人　オ 筆者の妻

A
B

問三 二重傍線部X「ぞ」は係助詞である。この係助詞の結びを語の単位で答えなさい。（2点）

問四 傍線部①「中垣こそあれ」の解釈として最も適当なものを、次の中から選びなさい。（2点）

ア 中垣はあるので　イ 中垣はあるけれど　ウ 中垣はあるようだが
エ 中垣はあるよ　オ 中垣は仮にあっても

問五　傍線部②「いとはつらく見ゆれど」とあるが、それはなぜか。理由として最も適当なものを次の中から選びなさい。（6点）

ア　京の自宅に到着するまでの船旅のつらかったことを思う気持ちが起こったから。

イ　壊れた家の様子を見てこれからの生活に不安を感じる気持ちが起こったから。

ウ　家の様子の変わりようを見て人の世をはかなく思う気持ちが起こったから。

エ　家の留守を預かった者の無責任さが見てとれて不満の気持ちが起こったから。

オ　壊れた家の様子を見てとても住めないと悲観した気持ちが起こったから。

□

問六　傍線部③「もろともに帰らねば」とあるが、「女子」はどうして一緒に帰京しなかったのか。本文中の歌二首を読んで、理由として最も適当なものを次の中から選びなさい。（6点）

ア　もはやこの世の者ではない、帰らぬ人となってしまったから。

イ　筆者との折り合いが悪く、帰京するのを嫌がったから。

ウ　病気のために土佐国に置いてこなければならなかったから。

エ　船旅は女子にとって危険であるために土佐国に残してきてしまったから。

オ　縁あって別の土地に嫁いで行ってしまっていたから。

□

問七　この文章の筆者である紀貫之は『古今和歌集』の撰者《せんじゃ》としても知られる。紀貫之とともに『古今和歌集』の撰に当たった人物を、次の中から選びなさい。（4点）

ア　藤原定家　**イ**　在原業平　**ウ**　文屋康秀　**エ**　凡河内躬恒　**オ**　菅原道真

（和洋女子大学出題　改）

／30点

8 随筆

徒然草《つれづれぐさ》

学習テーマ▼ 今回は随筆を扱います。随筆は、筆者が自分の価値観やこだわりを述べている文章です。「私」の周りで起きた出来事についての「私」の考えを述べているという点では、日記文学に近い性質を持っています。また、評論のように論理的な根拠を持った内容ではありませんので、すべての人の共感が得られるとは限りません。筆者が好むものは何か、嫌いなものは何か、具体例や対比などを整理して筆者の考えを読み取りましょう。

目標解答時間 20分

本冊（解答・解説）p.86

◆次の文章を読んで、後の問いに答えなさい。

①家居《いへゐ》のつきづきしくあらまほしきこそ、仮の宿りとは思へど、興あるもの A[なり]。よき人ののどやかに住みなしたる所は、さし入りたる月の色もひとときはしみじみと見ゆるぞかし。今めかしくきららかならねど、木立もの古《ふ》りて、②わざとならぬ庭の草も心あるさまに、簀子《すのこ》、透垣《すいがい》のたよりをかしく、うちある調度も、昔覚えてやすらかなるこそ、心にくしと見ゆれ。多くの匠《たくみ》の心を尽くして磨きたて、唐《から》の、大和の、めづらしく、えならぬ調度ども並べ置き、前栽《せんざい》の草木まで、心のままならず作りなせるは、見る目も苦しく、いとわびし。さてもやはながらへ住むべき。また、③時のまの煙ともなりなんとぞ、うち見るより思はるる。後《ご》

徳大寺《とくだいじ》の大臣《おとど》の、寝殿に鳶《とび》ゐさせじとて、縄を張られたりけるを西行《さいぎやう》が見て、「鳶のゐたらんは、何かは苦しかる B［べし］。この殿の御心《みこころ》、さばかりにこそ」とて、④その後は参らざりけると聞き侍《はべ》るに、綾小路《あやのこうぢ》の宮のおはします小坂殿《こさかどの》の棟にいつぞや縄を引かれたりしかば、かのためし思ひ出《い》でられ侍りしに、まことや、「烏《からす》の群れゐて、池の蛙《かへる》を取りければ、御覧じ悲しませ給《たま》ひてなん」と人の語りしこそ、⑤さてはいみじくこそと覚えしか。徳大寺にもいかなるゆゑか侍りけん。

（『徒然草』による）

問一 この文章は、内容的に前段・後段の二つに分けられる。後段の最初の五字（句読点は含まない）を抜き出しなさい。（3点）

問二 傍線部①「家居」の意味として最も適当なものを、次の中から選びなさい。（2点）

ア 暮らし　イ 人生　ウ 住居　エ 日常　オ 庭園

問三　傍線部②「わざとならぬ」と対照的に用いられている語句を、本文中から十五字以内（句読点は含まない）で抜き出しなさい。（3点）

問四　傍線部③「時のまの煙ともなりなん」の解釈として最も適当なものを、次の中から選びなさい。（2点）

ア　どれほど権勢を誇っていてもいずれは衰えるであろう
イ　またたくまに火災によって消えてしまいそうである
ウ　すぐに燃え尽きることはないのであろうか
エ　つかのまのこの世はなんと無常なものであろうか
オ　人目をはばかってすぐにでも消えてしまいたいのであろう

問五　傍線部④「その後は参らざりける」とあるが、なぜか。次の中から最も適当なものを選びなさい。（6点）

ア　家のたたずまいからして、あまりに豪華すぎて嫌気がさしたから。
イ　鳶を寄せつけないようにする行為に、主人の狭量な心を見たから。
ウ　鳶が寄りつかないほどであるのを見て、自分もそこに縛られたくなかったから。

エ　鳶を嫌う大臣の様子から、自分とはあまり気が合わないと思ったから。

オ　家に鳶が集まるのを見て、何か不吉な場所であるように思われたから。

□

問六　傍線部⑤「さてはいみじくこそと覚えしか」には、筆者のどのような考えが読み取れるか。次の中から最も適当なものを選びなさい。（6点）

ア　物事や行いには、それ相応の理由があるものであるから、外からちょっと見ただけではわからぬものである。

イ　庭木の手入れにしても、それぞれ主人の志向がうかがえるものだが、そのことを理解できるようにならないといけない。

ウ　蛙がかわいそうだから縄を張って鳥を避けるとはばかげた話であって、西行が立ち去るのも無理はないと納得できる。

エ　鳥にしても鳶にしても、人間から嫌われる動物は常に存在するが、彼らとて精いっぱい生きているのにかわいそうである。

オ　自然の中にあるものは、自然のままにおいておくことが重要で、人間が勝手に干渉してはいけないものである。

□

8

問七　A なり、B べし を、本文に合致するように活用させて書きなさい。（各2点）

A

B

問八　次のア〜エを、成立時期の早いものから順に並べなさい。（完答4点）

ア　徒然草　イ　方丈記　ウ　枕草子　エ　折たく柴の記

↓　↓　↓

30点

（福岡大学出題　改）

玉勝間《たまかつま》

学習テーマ▼ 今回も随筆を扱います。前回の『徒然草《つれづれぐさ》』の文章は、後半の展開に日記文学に通じるものがありましたが、今回は日記の要素をまったく含まない、評論に近い随筆を取り上げます。筆者自身は登場せず、誰もが納得するような具体例を挙げ、それらを根拠にして、世間一般の人の考え方に対する筆者の主張がはっきり述べられています。

目標解答時間 20分

本冊（解答・解説）p.98

◆次の文章を読んで、後の問いに答えなさい。

うまき物食はまほしく、よき衣《きぬ》着まほしく、よき家に住ままほしく、たから得まほしく、人に尊《たふと》まれまほしく、命長からまほしくするは、皆人のまごころなり。[A]、これらを皆よからぬことにアし、ねがはざるを①いみじきことにイして、すべてほしからず、ねがはぬ顔する者の、世に多かるは、例のうるさきいつはりなり。

また、世に先生など仰がるる物知り人、あるは上人《しやうにん》など尊まるる法師など、月花を見ては、あはれとめづる顔すれども、よき女を見ては、目にもかからぬ顔ウして過ぐるは、まことにしかるにや。もし月花をあはれと見る②情《こころ》しあらば、ましてよき女には、などか目の③移らざらむ。月花はあはれなり、女の色は目にもとまらずといはむは、④人とあらむ者の心にあらず、いみじきいつはりにこそありけれ。エしかはあれども、よろづにうはべをつくりかざるは、なべて世のならひにしあれば、これらは、いつはりとて、さオしもとがむべきにはあらずなむ。

（『玉勝間』による）

問一 この文章の四行目までに形容詞はいくつ用いられているか。次の中から選びなさい。ただし、同じ語が二回以上用いられている場合は、一つに数えること。（4点）

ア 四つ　イ 五つ　ウ 六つ　エ 七つ　オ 八つ

9

問二　傍線部①「いみじきこと」、④「人とあらむ者」の現代語訳として最も適当なものを、次の各群の中から選びなさい。（各４点）

①　いみじきこと
- ア　ひどいこと
- イ　情趣深いこと
- ウ　ふびんなこと
- エ　恐ろしいこと
- オ　すばらしいこと

④　人とあらむ者
- ア　人として生きている者
- イ　人間らしくない者
- ウ　この世で共に歩む者
- エ　他人と一緒にいる者
- オ　その女性を愛する者

①	④

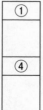

問三　**傍線部②「情しあらば」の「し」と文法的に同じものを、本文中の二重傍線部ア〜オの中から一つ選びなさい。**（3点）

ア　皆よからぬことにし
イ　いみじきことにして
ウ　目にもかからぬ顔して
エ　しかはあれども
オ　さしもとがむべきには

問四　**傍線部③「移らざらむ」の「む」の活用形を次の中から選びなさい。**（2点）

ア　未然形　**イ**　連用形　**ウ**　終止形　**エ**　連体形　**オ**　已然形

問五　**空欄 A に入る接続語として最も適当なものを、次の中から選びなさい。**（3点）

ア　さて　**イ**　しかるに　**ウ**　なほ　**エ**　しかのみならず　**オ**　かくして

問六　この文章の要旨として最も適当なものを、次の中から選びなさい。（6点）

ア　人間が衣食住等について十分でありたいという欲望を持つことは人間としての自然の感情であって、それを否定することは人間性を無視することになるので、決して許してはならない。

イ　世間で先生などといって仰がれる人は、月や花を見ては情趣を感じる様子をするが、美しい女を見ては目にも入らない顔つきをしがちである。それは大きな矛盾であって、人間の本質がわかっていない人のあさはかなふるまいである。

ウ　世間の人はそれぞれ欲望を持っているのに、持っていないかのようにふるまっているのは、自分を偽っているからにほかならない。ただし、それは一般の世の習慣であるから、それほどとがめだてすることもあるまい。

エ　世間には欲望を持つことを肯定する人がいるが、それは世間の風習に反するのであって、社会人として生きていくにはその欲望を適度に抑制して生活すべきである。

オ　世間の人が持っている欲望を抑えて生きているのは、自分を偽っているかのように思えるが、実はそうではなく、その生き方こそ真実の生き方と言えるのである。

問七　『玉勝間』の筆者を次の中から選びなさい。（4点）

ア　鴨長明　**イ**　兼好法師　**ウ**　賀茂真淵　**エ**　本居宣長　**オ**　上田秋成

（龍谷大学出題　改）

30点

9

無《む》名《みょう》抄《しょう》

学習テーマ▼ 最終回は、評論です。前回の『玉勝間《たまかつま》』は評論に近い随筆でしたが、今回は、説話に通じる評論を読みます。評論では評価を表す言葉が重要になります。古文の評論は主に歌論ですので、歌や歌人のどういう点がどのように優れている、または劣っていると、筆者が述べているのかを読み取ります。対比や具体例に着眼するのは随筆と同じですが、評論では、その評価を裏付ける根拠がしっかり述べられます。因果関係が曖昧でなく明確なのが特徴です。

目標解答時間 20分

本冊（解答・解説）p.106

◆次の文章を読んで、後の問いに答えなさい。

この道に心ざし深かりしことは、(注1)道因《だういん》入道並びなき者なり。七《なな》、八《や》十《そぢ》 a になるまで、「秀歌よませ給へ」と祈らんために、①かちより住吉《すみよし》へ月詣でしたる、いと A ありがたきことなり。ある歌合《うたあはせ》に、(注2)清輔《きよすけ》判者にて、道因が歌を負かしたりければ、②わざと判者のもとへ向かひて、まめやかに涙を流しつつ泣き恨みければ、亭主も言はんかたなく、「③かばかりの大事にこそ逢《あ》はざりつれ」とぞ語られける。九十《ここのそぢ》ばかりになりては、耳などもおぼろなりける b にや、会の時には、ことさらに講師の座に分け寄りて、脇もとにつぶとそひゐて、B みづはさせる姿に耳を傾《かたぶ》けつつ、他事なく聞ける気色《けしき》など、C なほざりのこととは見えざりけり。千載集撰《えら》ばれしことは、かの入道失《う》せてのちのことなり。亡き跡 c にも、さしも道に心ざし深かりし者なればとて、④いうして十八首を入れられたりければ、夢の中に⑤来て涙を落としつつ、よろこびを言ふと見給《たま》ひたりければ、こと d にあはれがりて、今二首を加へて二十首になされ e にけるとぞ。⑥しかるべかりけることにこそ。

（『無名抄』による）

注
1 道因入道——藤原敦頼《あつより》。出家して道因と号した。
2 清輔——藤原清輔。平安末期の歌人。

問一 二重傍線部a～eの「に」の文法的説明として最も適当なものを、次の中からそれぞれ選びなさい。同じものが重出することもある。（各1点）

ア 動詞の活用語尾　イ 形容動詞の活用語尾　ウ 完了の助動詞
エ 断定の助動詞　オ 打消の助動詞　カ 格助詞
キ 接続助詞　ク 副詞の一部

a	b	c	d	e

10

問二　傍線部①「かちより」の意味を、漢字かな交じり三字の語句で答えなさい。（3点）

問三　傍線部②「わざと」と同じ意味を持つ語を、本文中から抜き出しなさい。（3点）

問四　傍線部③「かばかりの大事」を具体的に述べた箇所を、本文中から抜き出し、その最初と最後の三字（句読点は不要）を答えなさい。（完答3点）

〜

問五　波線部A「ありがたきこと」、B「みづはさせる姿」、C「なほざりのこと」の意味として最も適当なものを、次の各群の中から選びなさい。（各2点）

A　ありがたきこと

ア　喜ばしいこと
イ　感謝すべきこと
ウ　堪えられないこと
エ　めったにないこと
オ　やりにくいこと

B　みづはさせる姿

ア　歯の抜けた姿
イ　ひどく年をとった姿
ウ　水に濡れた姿
エ　目が見えない姿
オ　おいぼれた姿

C　なほざりのこと

ア　いい加減なこと
イ　捨てておけないこと
ウ　当たり前のこと
エ　はっきりとしたこと
オ　格別なこと

10

A
B
C

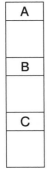

問六　傍線部④「いう」に当てる漢字として最も適当なものを、次の中から選びなさい。（2点）

ア　憂　イ　由　ウ　有　エ　友　オ　優

問七　傍線部⑤「来て」とあるが、誰のところへ来たのか。本文の内容から判断して、その姓名を漢字四字で答えなさい。（4点）

問八　傍線部⑥「しかるべかりけること」の意味として最も適当なものを、次の中から選びなさい。（4点）

ア　当然そうあってよいこと
イ　叱らねばならないこと
ウ　それでもかまわないこと
エ　そうしてあげたいこと
オ　それが当然であること

10

（東海大学出題　改）

／30点

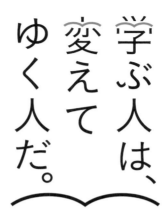

大学入試 全レベル問題集

古文

伊藤紫野富 著

1 基礎レベル

改訂版

はじめに

皆さんはなぜ古文を学ぶのでしょうか。多くの人は受験のためと答えるでしょう。英語ほどの配点がないにしても、古文が受験に必要不可欠な科目であることは間違いありません。しかし、英語の学習がその後の人生で大いに役立つのに比べると、古文の学習の実用性はほとんどないように見えます。また、英語や現代文では、世界平和や地球環境、市場経済のグローバル化などのテーマが扱われることがありますが、古文は、文字どおり「古い文」ですから、そのような現代的なテーマは一つも扱いません。しかし、そこにこそ古文の味わい深さがあると言えます。古文に描かれているのは、〝人の営み〟です。生きることの意味や愛することの苦悩、芸術への熱情など、時の流れにとらわれない普遍のテーマを投げかけてくれる、激変する世の中で生きる私たちに不変の確かなものを示してくれる、それが古文です。

この問題集は、言うまでもなく、受験生の一助になってほしいという目的で書きましたが、それだけでなく古文の面白さを知ってもらいたいという願いもあって、文章を厳選しました。得点アップは、もちろん狙ってください。この問題集は必ず応えてくれるはずです。でもそれだけではもったいないです。古文の真髄に少しでも触れて、それを心にとどめていただきたいと思います。それはいつかきっと皆さんの心の糧となってくれることでしょう。

伊藤 紫野富

伊藤 紫野富（いとう しのぶ）
元代々木ゼミナール講師。長年、受験生や高校生を指導し、東大京大から早慶、共通テスト対策まで幅広く担当。『全国大学入試問題正解国語』（旺文社）解答者。著書に『ビルドアップノート古典文法基本ドリル』（三省堂）などがある。

目次

この問題集の構成と使い方

本書は、別冊に問題を、本冊に解答と解説を掲載しています。

別冊（問題）掲載内容

古文ジャンル解説 … 巻頭に古文の五ジャンルの特徴と読解ポイントを示した解説を掲載しています。それぞれのジャンルの特徴を理解して古文本文を読みましょう。

学習テーマ … 各講のはじめに学習テーマを設けています。テーマを意識して問題に取り組みましょう。

問題 … 目標解答時間を示していますので、時間をはかって解いてみましょう。

本冊（解答・解説）掲載内容

作品解説 … 掲載作品の文学史に関する知識をまとめています。

目標点 … 〈予想される平均点＋一問分〉として示しています。

問題文の概要 … 「あらすじ」と要旨をまとめた「内容解説」を掲載しています。

設問解説

- **読解ルール** … どの問題にも適用できる、読解に役立つルールを示しています。
- **着眼点** … 設問を解く際に着眼すべきポイントを示しています。
- ［　］ … 単語・文法・文学史などの重要事項をまとめています。
- ［　］ … 重要な箇所を品詞分解・訳出しています。

【品詞の略称】

動→動詞　補動→補助動詞　形→形容詞
形動→形容動詞　名→名詞　代名→代名詞　副→副詞
連体→連体詞　感→感動詞　助動→助動詞　格助→格助詞
係助→係助詞　副助→副助詞　接助→接続助詞
終助→終助詞　接尾→接尾語

- **関連メモ** … 設問内容から一歩踏み込んだ、知っておくと役立つ知識をまとめています。
- **難** … 高度な読解力や分析力を要する問題に示しています。

現代語訳　別冊の古文本文を再掲載し、その右側には重要文法事項を、左側には現代語訳を、さらに下段には重要語句を掲載しています。

●重要文法事項…設問で問われやすい語に次の情報を示しています。

・助動詞…意味・活用形

例 現在推量の助動詞「らむ」の終止形→現在推量・終

・助詞…意味

例 格助詞「が」の主格→主格

・係り結び・疑問の副詞と文末の連体形は次のように示した。

例 ぞ（強意）(↓)　みゆる（下二動・体）(↑)　／　いかで（反語）(↓)　む（推量・体）(↑)

＊結びの省略は(↓省)。結びの流れ(消滅)は(↑流)。

【活用形の略称】

未→未然形　用→連用形　終→終止形　体→連体形

已→已然《いぜん》形　命→命令形　(撥無)→撥音便《はつおんびん》無表記

●重要語句…古文本文に登場した語の中から、入試頻出の語をまとめました。覚えたら上の□にチェックしましょう。

文法まとめ…各講で学習した文法項目の中から、特に重要な内容をさらに詳しく解説しています。

志望校と「全レベル問題集　古文」シリーズのレベル対応表

シリーズラインナップ	各レベルの該当大学　※掲載の大学名は購入していただく際の目安です。
① 基礎レベル	高校基礎～大学受験準備
② 共通テストレベル	共通テストレベル
③ 私大標準レベル	日本大学・東洋大学・駒澤大学・専修大学・京都産業大学・近畿大学・甲南大学・龍谷大学・成蹊大学・成城大学・明治学院大学・國學院大學・聖心女子大学・日本女子大学・中京大学・名城大学・京都女子大学　他
④ 私大上位・私大最難関・国公立大レベル	[私立大学] 早稲田大学・上智大学・明治大学・青山学院大学・立教大学・中央大学・法政大学・学習院大学・東京女子大学・南山大学・同志社大学・関西学院大学・立命館大学・関西大学・福岡大学・西南学院大学　他 [国公立大学] 東京大学・京都大学・北海道大学・東北大学・名古屋大学・大阪大学・九州大学　他

読解ルール解説

古文を読解する際には、「**と・て・ば・ど・を・に**」等の助詞に着眼しましょう。これらの助詞は、**語句の関係を示し、文の構造を理解する**のに役立ちます。また、**設問の傍線部の多くは、これらの助詞の前後にある**ので、助詞に着眼すると正解を導くヒントが得られます。

「全レベル問題集 古文」シリーズでは、こうした助詞に関する重要ポイントを**読解ルール**として取り上げています。ここでは、助詞に着眼して、文の構造を理解し、読解に活用しましょう！

語句の関係を示す「と・て・ば・ど」の読解ルール

読解ルール　「と（とて）」「て」は同じことの言い換えを表す！

「と（とて）」は引用を表す格助詞。「て」は接続助詞です。

例　「いかに」と問ふ。
（「なぜ」と尋ねる。）

「と」は、同じ事柄を別の表現にする**言い換え**を表します。例文は、「と」をはさんで、前の「いかに」が後の「問ふ」の内容を表しており、「いかに」＝問い、と理解できます。

例　悲しくて泣く。
（悲しくて泣く。）

「て」も**言い換え**を表します。例文は、「て」をはさんで、前の「悲し」という気持ちを後の「泣く」という行為で表現しており、「悲し」＝「泣く」と単純化して捉えることができます。文章を単純化して読むことは、速読にも役立ちます。

読解ルール　「ば」の前に理由あり！

「ば」は順接の接続助詞です。

例　悲しければ泣く。
（悲しいので泣く。）

「ば」は**原因・理由**を表します。例文では、「ば」をはさんで前の「悲し」（原因・理由）↓後の「泣く」（結果）という関係だと理解できます。

読解ルール 「ど（ども）」は前後が対比関係にあることを表す！

「ど（ども）」は、逆接の接続助詞です。

例 悲しけれど笑ふ。
（悲しいけれど笑う。）

「悲し」＝「泣く」（笑わない）ということを前提として、「ど」をはさんで、前の「悲し」と後の「笑ふ」とが**対比関係**になっています。

これらの読解ルールで、助詞「と（とて）・て・ば・ど（ども）」に着眼すると、助詞の前後の語句の関係を捉えやすくなります。「と（とて）・て・ば・ど（ども）」を見逃さずにチェックして、文の構造を理解し、文脈を正しく把握して読解を進めましょう。

主語判定に役立つ「を・に」の読解ルール

読解ルール 「を」「に」に着目して、文の構造を捉えよ！

古文では主語が省略され、また述語が主語から離れたところにあることが多いので、文意を正しく理解するのが困難ですが、英語や漢文のように、文の構造を捉えるとわかりやすくなります。その着眼点となるのが、格助詞の「を」と「に」です。

～が	～する	～を	～に
主語（S）	述語（V）	目的語（O）	補語（C）

目的語と補語を厳密に区別するのは難しいので、簡単に「～を」で表されるものを「目的語」（O）、「～に」で表されるものを「補語」（C）とします。現代語と同じで**「を」は省略されること**があります。

また、動作の主体を「主語」（S）、動作を表す動詞を「述語」（V）と捉えます。

次の例文で見てみましょう。

例 大和に住みける女に男文をやりけり。
（大和に住んでいた女に男が手紙を送った。）

大和に住みける女に 男 文を やりけり。
（C1 V1 S1 / C2 / S2 O2 V2）

このような単純な文においては、SVOCは簡単にわかりますが、あえて「を」と「に」に着眼して文の構造を見てみましょう。

まず、述語（V_1）「住み」に注目します。「住み」の上の「に」に着眼すると、「大和に」が補語（C_1）で、「住み」の動作主体である主語（S_1）は「女」と確認できます。

次に、述語（V_2）「やり」に注目します。「やり」の上の「を」に着眼すると、「文を」が目的語（O_2）だと確認できます。動作主体である主語（S_2）は「男」です。また、その上にある「に」に着眼すると「大和に住みける女に」が補語（C_2）だとわかります。

目的語（O）を示す「を」が省略されている場合も、同じように文の構造を捉えることができます。

このように、「を・に」に着眼することで、SVOCの文の構造を把握できます。例のように単純な文でなくても、**「を・に」に着眼して目的語（O）・補語（C）を確認しながら文脈をたどると、省略されている主語（S）が見えてきます。**「を・に」をチェックして、文意の正確な理解に役立てましょう。

例外

※「に」が貴人を表す語に付く場合、「に」は主語を示すことがあります。

例 御前にも笑はせたまふ。
（中宮様におかれてもお笑いになる。）

※「を」が形容詞の語幹（＋み）の前に付く場合、「を」は格助詞でなく、間投助詞です。目的語を示しているのではないので注意しましょう。

例 山を高み
（山が高いので）

*「～を…み」で「～が…なので」の意。

この他の主語判定の読解ルール

「を・に」に着眼する以外にも、主語判定に役立つ読解ルールがあります。「全レベル問題集 古文」シリーズでは、次のような読解ルールを取り上げています。

読解ルール 「て」「して」は主語を継続させる！

「て」は単純接続の接続助詞です。同じ人物の行為が連続する場合、「て」によってつながっています。よって、その行為（動詞）のどれかの主語がわかれば、他の行為の主語も同じであると判断できます。（ただし、例外もまれにあるので要注意です。）

読解ルール 主語の判定は敬語に着目せよ！

登場人物に身分の差がある場合は、敬語の使われ方によって、その敬語が用いられた行為の主体や客体を判断できることがあります。また、**会話文では、自分には尊敬語は用いず、相手に敬意を表すために敬語を用いる**ことが多く、それによって、省略された主語を判断できます。

読解ルール 主人公の主語は省略される！

読解ルール 日記文において一人称（私）の主語は省略される！

主語が省略されているということは、明記しなくてもわかる人物が主語だということです。つまり、主語が省略されている場合には、多くは、その文章における主要な人物（主人公）が主語であると判断できます。

ジャンル別　省略されることがある主語

説話……主人公
物語……主人公（あるいは、その場面の主要人物）
日記……私（日記の主人公は筆者）

読解ルール 本文初出の動詞の主語は、リード文の主語と一致する！

長い物語などの一部が切り取られて問題文本文となっているときは、リード文で主要な人物の状況や行動が説明されます。そのため、本文の最初の主語は、リード文で説明された人物と一致します。

十訓抄《じっきんしょう》

作品解説 ■ 一二五二年成立の説話集。驕慢《きょうまん》（おごりたかぶり人を見下すこと）の戒めなど十項目の徳目を立て、それにふさわしい説話、約二百八十話を収集する。全体を通して「思慮分別の重要性」を、儒教的な教訓、啓蒙《けいもう》の意識に基づいて説いている。ほぼ同時期に成立した説話集に『古今著聞集《ここんちょもんじゅう》』がある。

別冊（問題） p. 6

解答

問	解答	配点
問一	a 訪　b 率	3点×2
問二	① オ　② ウ	2点×2
問三	オ	8点
問四	人間万事塞翁が馬	8点
問五	ウ	4点

目標点 22／30点

問題文の概要

あらすじ ● 昔、塞翁《さいおう》という老人がいた。強い馬を持っていたが、その馬がいなくなってしまってもまったく嘆かない。その後、逃げた馬が多くの馬を引き連れて戻ってきたが喜ばない。その馬に乗って我が子が怪我《けが》をしても平然としている。その頃、国に戦争が起きて、塞翁の子は怪我をしていたために兵役を免れた。

今も分別のある人は、事に動じず、この塞翁のように思慮深いものだ。

内容解説 ● さまざまな出来事に遭遇しながらも動じない主人公が描かれ、その主人公の言動に対する編者の評価が示されます。主人公を手本として、冷静で思慮深いことの重要性を説いた文章です。

設問解説

問一　語句の意味（漢字表記）

ひらがなで書かれた語には複数の漢字を当てることができる場合があります。例えば、「み」には「身」「実」「見」などの字を当てることができます。どの字が適切かは、文脈の中でどういう意味を持っているかによって判断します。つまり、この設問は漢字力だけを問うものではなく、読解力をも問うものだということです。

傍線部a　「とぶらひ」はハ行四段活用動詞「とぶらふ」の連用形で、「とぶらふ」には「訪ふ」と「弔ふ」の二つの漢字があります。「訪ふ」と「弔ふ」ではまったく意味が異なります。

> **とぶらふ**
> → 「訪ふ」＝訪問する。尋ねる。見舞う。
> → 「弔ふ」＝死を悼む。冥福を祈る。弔問する。

では、本文を見てみましょう。「いかばかり嘆くらむとてとぶらひければ」とあり、「とぶらひ」の直前に「とて」とあります。これは「～と言って」「～と思って」の意を表します。

読解ルール　「とて」は同じことの言い換えを表す！

「とて」は言い換えを表すので、「いかばかり嘆くらむ」＝「とぶらひ」となります。「いかばかり嘆くらむ」を訳してみましょう。

> **いかばかり**① ― **嘆く** ― **らむ**②
> ① 副【如何ばかり】どんなにか。
> ② 助動「らむ」の連体形。現在推量［～ているだろう］
> 直訳 ▼ どんなにか嘆いているだろう

「らむ」は離れたところで起きたことを想像したり心中を推測したりすることを表す働きがあるので、「嘆く」の主語は大事な馬を失ってしまった「塞翁」で、それを聞いた人たちが、塞翁の心中を推測して「塞翁はどんなにか嘆いているだろう」と、心配しているということです。よって、ここは**「見舞う」という意味の「訪ふ」が適当**です。送りがなは不要と指示があるので「訪」が正解です。「見舞う」というと病気の人のお見舞いを思い浮かべるかもしれませんが、災難にあった人を慰めるために訪問したり手紙を出したりすることも「見舞う」です。そもそも誰も死んでいないので、弔問にやって来るはずがありません。今回は「弔ふ」を知らなくても正解できたかもしれませんが、「弔問する」の意味の「とぶらふ」も頻出単語ですので注意が必要です。

傍線部b 「ゐ」はワ行上一段活用動詞「ゐる」の連用形です。上一段動詞は未然形と連用形が同形ですが、下に連用形接続の接続助詞「て」があるので、連用形だとわかります。「ゐる」には二つの漢字を当てることができます。

ゐる
- 「率る」＝引き連れる。携える。
- 「居る」＝座る。存在する。とまる。

では、本文を見てみましょう。直前に、目的語「馬を」があるので、自動詞の「居る」では意味が通じません。「率る」なら、「馬を連れて」となって意味が通じます。よって、「率」が正解です。

古文単語は、漢字を考えながら覚えると語彙力がアップします。

解答 a **訪** b **率**

関連メモ **複数の漢字（意味）を当てることのできる語の例**

あく ↓空く・開く・飽く・明く
かる ↓借る・刈る・離る・枯る・狩る・駆る
ふる ↓降る・古る・経る・振る
いく ↓生く・行く　**おく** ↓置く・起く
すむ ↓住む・澄む　**たつ** ↓立つ・断つ・裁つ
つく ↓付く・尽く・突く　**ひく** ↓引く・弾く

問二 文法（動詞の活用）

動詞の活用の種類は、覚えてしまうとよいものとその場で判断するものの二種類があります。詳しくはp.20「文法まとめ①」を参照してください。

傍線部① 「過ぎ」は暗記すべきものではないので、打消の「ず」を接続させ、未然形の語尾で活用の種類を判断します。

過ぎず →活用語尾が「i音」になる
→上二段活用

上二段活用動詞「過ぐ」は次のように活用します。

基本形	語幹	未然形	連用形	終止形	連体形	已然形	命令形
過ぐ	す	ぎ (i)	ぎ (i)	ぐ (u)	ぐる (uる)	ぐれ (uれ)	ぎよ (iよ)

活用形は下に接続する語で判断します。ここは、下に連用形接続の助動詞「けり」の連体形「ける」が接続しているので、「過ぎ」は連用形となります。上二段活用動詞と下二段活用動詞は終止形が現代語と異なるので注意が必要です。

傍線部② 「みゆる」は現代語の「見える」です。これも暗記すべきものではないので、「ず」を接続させて判断します。

見えず→活用語尾が「e音」になる
→下二段活用

下二段活用動詞「見ゆ」は次のように活用します。

基本形	語幹	未然形	連用形	終止形	連体形	已然形	命令形
見ゆ	み	e え	e え	u ゆ	uる ゆる	uれ ゆれ	eよ えよ

この活用の仕方からもわかるように、「みゆる」は連体形です。ここは上に係助詞「ぞ」があり、係り結びによって連体形になっています。係り結びについては**2講**で詳しく解説します。

活用の種類を知ることは読解にもつながります。例えば、「おくる」という語に当てはまる漢字は「送る」「贈る」だけではなく「遅る」や「起くる」もあります。現代語の「起きる」は古語では「起く」になり、連体形は「起くる」になるのです。

おくる
↘ 送る・贈る
→ 遅る　下二段活用…現代語では「遅れる」
↙ 起くる　上二段活用「起く」の連体形…現代語では「起きる」

動詞の活用は古文文法の基本ですが、読解のための重要知識でもあるのです。

解答 ①オ　②ウ

問三　主旨（説話の教訓）

いよいよ今回のテーマです。説話では、具体的なエピソードを通じて編者が伝えたい教訓が示されることが多く、それを読み取ることが重要になります。教訓はエピソードの中の主人公の言動などから導かれるものです。

着眼点　評価を表す言葉を探せ！

教訓を探すうえで大きなヒントになる単語があります。助動詞「べし」です。「〜すべきである」と編者（話者）が読者（聴者）に直接訴えるところで使われます。残念ながら今回は「べし」を用いてはっきり示しているところがありません。よって、主人公（＝塞翁）の言動を丁寧に拾い上げ、それに対する**評価を表す言葉**を見つけ、そこから教訓を読み取ります。

まず塞翁の言動を、起きた出来事ごとにまとめます。

出来事　→　塞翁の言動
1 飼っていた馬が逃げた（不幸）→まったく嘆かない
2 逃げた馬が多くの馬を連れて戻った（幸）→喜ばない
3 子どもが落馬して怪我をした（不幸）→平然としている
4 怪我をしていた子は兵役を免れ死なずに済んだ（幸）→（記述無し）

塞翁に起きた出来事に注目してください。不幸→幸→不幸→幸、とつながっています。単純に個々の出来事が起こったのではなく、**前の出来事が原因となって次の出来事が起きて**います。そして塞翁はその不幸や幸せが起きるたびに**悲しんだり喜んだりせず平然と**しています。4には記述がありませんが、塞翁が喜びはしなかったことが想像できます。

この塞翁の言動を、本文の最終段落では「**毎事動きなく、心浅からぬ**」態度だとし、「**賢きためし**」と評価しているわけです。

> 「動き｜なく」＝動揺しない。冷静でいる。
> 「心｜浅から｜ぬ」＝考えが浅くない。
> 「賢き｜ためし」＝優れた例。

つまり、「良いことがあっても悪いことがあっても平然としているのが思慮深い態度だ」と言っているのです。

ここで、選択肢を見てみましょう。

ア　つらいことや悲しいことがあっても、悲観しすぎてはいけない。△

イ　楽しいことやうれしいことがあっても、有頂天になってはいけない。△

ウ　人生、苦しいことばかりではなく、楽しいこともあるものだ。×

エ　物事は、考え方次第で、良くも悪くもなるものだ。×

オ　人生、何が幸いし、何が災いするかはわからないものだ。

アと**イ**は一見すると本文の内容に合っているように見えますが、選ぶのは一つなので、どちらかを選ぶとどちらかは選べなくなってしまいます。よって正解にはなりません。厳密には「悲観しすぎて」「有頂天」も間違いです。「嘆きや喜びの程度」について述べているわけではないからです。

不幸なことが原因となって良いことを生み、良いことが原因となって不幸を生むという話なので、**ウ**のように幸と不幸を並列関係に捉えるのは間違いです。**エ**の「考え方次第で」は物事の捉え方のことなので、「物事に動じない態度」という主旨には合いません。

オの「人生、何が幸いし、何が災いするかはわからないものだ」は、まさしく「幸せが不幸を生み、不幸が幸せを生むこともある」という意味です。よって、正解はオです。これは、「(だから)冷静な態度でいなさい」という編者の主張にもつながります。

解答　**オ**

問四　故事成語

問三で捉えたような考え方を表す故事成語が「塞翁が馬」です。設問には「八字」と指示があるので、「人間万事塞翁が馬」

で正解です。これは中国の古典『淮南子《えなんじ》』という思想書に出てくる故事から生まれた言葉です。古文の設問ではこのような故事成語や格言、四字熟語などが問われることがあります。幅広い知識が合格への近道です。

解答 **人間万事塞翁が馬**

問五 文学史

『十訓抄』は鎌倉時代の説話集です。選択肢の作品について時代とジャンルを確認しておきます。

伊曽保物語《いそほものがたり》	→江戸時代の仮名草子。
今昔物語集《こんじゃくものがたりしゅう》	→平安時代の説話集。
古今著聞集《ここんちょもんじゅう》	→鎌倉時代の説話集。
伊勢物語《いせものがたり》	→平安時代の歌物語。
日本霊異記《にほんりょういき》	→平安時代の説話集。日本最古の仏教説話集。

正解はウの『古今著聞集』です。主要な作品については、「ジャンル」、「時代」、「作者（編者・筆者）」、「内容の特徴」などを押さえておきましょう。

解答 **ウ**

現代語訳

昔、唐に塞翁といふ翁あり。賢く強き馬を持ちたり。これを人にも貸し、我も使ひつつ、**世をわたる便り**にしけるほどに、この馬いかが（疑問（↓））したりけむ（過去推量・体（↑））、いづちともなく**失**せに（完了・用）けり。

昔、唐《もろこし》に塞翁という老人がいた。優れた強い馬を持っていた。この馬を他人にも貸し、自分も使いながら、**生計を立てる** **手段**としていたところ、この馬はどうしたのであろうか、どこともなく**姿を消して**しまった。

重要語句

□よをわたる【世を渡る】生計を立てる。生活する。

□たより【便り・頼り】①よりどころ。②縁。ゆかり。③手段。④ぐあい。配置。

□うす【失す】①消える。②死ぬ。

聞きわたる人、いかばかり嘆くらむとてとぶらひければ、「悔いず」と

(そのことを)聞いた人々が、(塞翁は)どんなにか嘆いているだろうと思って見舞ったところ、(塞翁は)「悔《く》やまない」とだ

ばかり言ひて、つゆも嘆かざりけり。

け言って、少しも嘆かなかった。

人あやしと思ふほどに、この馬、同じさまなる馬を多くゐてきにけり。

人々は(塞翁の態度を)不思議だと思っているうちに、(姿を消していた)この馬が、同じような(優れた強い)馬を多く連れ

いとありがたきことなれば、親しき疎き、喜びを言ふ。　かかれども、

て(戻って)来た。ほんとうにめったにないことなので、(塞翁と)親しい人も疎遠な人も、お祝いを言う。しかしながら、(塞

また、「悦ばず」と言ひて、これをも驚く気色なくて、この馬あまたを飼ひて、さまざ

翁は)また、「喜ばない」と言って、これにも驚く様子がなくて、これらの馬多数を飼って、いろいろ

まに使ふ間に、翁が子、今出で来たる馬に乗りて、落ちて、右肘を突き折りにけり。

と使ううちに、塞翁の子が、今回やって来た馬に乗って、(馬から)落ちて、右肘《みぎひじ》を骨折してしまった。

聞く人、目を驚かして問ふにも、　なほ、「悔いず」と言ひて、気色も変は

(そのことを)聞く人が、びっくりして見舞うのにも、(塞翁は)やはり、「悔やまない」と言って、態度も変わらない。

らず。つれなく同じさまにいらへて過ぎけるに、そのころ、にはかに国に軍おこりて、

平然として(前と)同じように返事をして暮らしていると、その頃、突然この国で戦争が起こって、(国王が)

兵を集められけるに、国中さもあるもの残りなく出でて、皆死ぬ。この翁の子、かた

兵をお集めになったので、国中の(兵として)ふさわしい者は残らず出征して、皆死ぬ。この塞翁の子は、体が不

□とぶらふ【訪ふ】①訪問する。②見舞う。【弔ふ】死を悼む。

□つゆ〜ず　少しも〜ない。

□あやし【奇し・怪し】不思議だ。【賤し】①身分が低い。②粗末で見苦しい。

□ありがたし【有り難し】①珍しい。②(めったにないくらい)すばらしい。③難しい。

□うとし【疎し】①親しくない。②無関心だ。

□よろこび【喜び】①お礼。②祝辞。③官位が昇進すること。

□けしき【気色】①(人の)様子・きげん・態度。②(自然の)様子・模様。

□あまた【数多】たくさん。

□つれなし　①平然としている。②冷淡だ。

□いらふ【答ふ・応ふ】答える。返事をする。

□さもあり【然も有り】①そのとおりである。②ふさわしい。

はなるによつてもれ**にけれ**〔完了・用　過去・已〕ば、片手は折れたれども、命は**全かり**けり。

自由であることから（徴兵を）免れたので、片手は折れたけれども、（戦死することなく）命は**無事であっ**た。

これ**賢きためし**に申し伝へたり。今もよき人は、毎事動きなく、心浅から**ぬ**〔打消・体〕は、

この話は**優れた例**として語り伝えている。今でも立派な人は、事あるごとに動揺することなく、考えが浅くないというのは、この塞翁の精神に通じていると思われる。

この翁**が**〔連体格〕心に通へ**る**〔存続・体〕など**ぞ**〔強意（↓）〕②**みゆる**〔下二動・体（↑）〕。

［出典：『十訓抄』六ノ三十一］

□まったし【全し】完全だ。無事だ。

□かしこし【畏し】恐れ多い。尊い。【賢し】①都合がよい。うまい。②優れている。りこうだ。③はなはだしい。

□ためし【例】先例。手本。

文法まとめ①

「動詞」

1講の問二でも扱いましたが、動詞の活用の種類について確認しておきましょう。

その場で判断する動詞

●四段活用動詞

例語	語幹	未然形	連用形	終止形	連体形	已然形	命令形
書く	書	か(ka)	き	く	く	け	け

●上二段活用動詞

例語	語幹	未然形	連用形	終止形	連体形	已然形	命令形
起く	起	き(ki)	き	く	くる	くれ	きよ

●下二段活用動詞

例語	語幹	未然形	連用形	終止形	連体形	已然形	命令形
受く	受	け(ke)	け	く	くる	くれ	けよ

見分け方

確認したい動詞に打消の助動詞「ず」を付けて未然形の活用語尾の音で判断しましょう。その際は可能動詞にしないように注意します（○読まず ×読めず）。

・a音ならば四段活用動詞
・i音ならば上二段活用動詞
・e音ならば下二段活用動詞

例 「聞く」→「聞か（ka）ず」→「a音」なので、
　カ行四段活用動詞とわかる。
「過ぐ」→「過ぎ（gi）ず」→「i音」なので、
　ガ行上二段活用動詞とわかる。
「流る」→「流れ（re）ず」→「e音」なので、
　ラ行下二段活用動詞とわかる。

注意すべき動詞

一つの動詞に二つの活用の種類がある場合では、その訳し方も異なるので、気をつけましょう。

例 「たのむ【頼む】」
　→四段活用「期待する・頼みにする」
　→下二段活用「期待させる・約束する」
「たつ【立つ】」→四段活用「立つ」
　→下二段活用「立てる・立たせる」

「つく【付く】」→四段活用「付く」
→下二段活用「付ける・付かせる」

暗記すべき動詞

次の活用の動詞は、数が少ないので覚えてしまいましょう。

●カ行変格活用動詞

例語	語幹	未然形	連用形	終止形	連体形	已然形	命令形
来	○	こ	き	く	くる	くれ	こ こよ

＊「来《く》」のみ。

●サ行変格活用動詞

例語	語幹	未然形	連用形	終止形	連体形	已然形	命令形
す	○	せ	し	す	する	すれ	せよ

＊「す」「おはす」のみ。複合動詞の場合は「感ず」のように濁ることもある。

●ナ行変格活用動詞

例語	語幹	未然形	連用形	終止形	連体形	已然形	命令形
死ぬ	死	な	に	ぬ	ぬる	ぬれ	ね

＊「死ぬ」「往《い》ぬ（去《い》ぬ）」のみ。

●ラ行変格活用動詞

例語	語幹	未然形	連用形	終止形	連体形	已然形	命令形
あり	あ	ら	り	り	る	れ	れ

＊「あり」「をり」「侍《はべ》り」「いますがり」の四語のみ。

●上一段活用動詞

例語	語幹	未然形	連用形	終止形	連体形	已然形	命令形
見る	○	み	み	みる	みる	みれ	みよ

＊「見る」「着る」「似る」「干る」「射る」「率《ゐ》る」「居《ゐ》る」など。

●下一段活用動詞

例語	語幹	未然形	連用形	終止形	連体形	已然形	命令形
蹴る	○	け	け	ける	ける	けれ	けよ

＊「蹴《け》る」のみ。

2

説話

宇《う》治《じ》拾《しゅう》遺《い》物《もの》語《がたり》

作品解説■ 鎌倉時代に成立した説話集。およそ二百話からなる。『今昔物語集《こんじゃくものがたりしゅう》』と共通する話もあるが、取り扱い方に違いがあり、笑いやおかしみのうちに弱々しく愚かしい人間を理解しようとする姿勢が見られ、世俗説話を代表する作品である。当時の口語を含む仮名文で書かれている。

別冊（問題） p. 10

解答

問一	問二	問三	問四	問五	問六
① エ ② ア ③ エ ④ イ	イ	a イ b ア	(1) ウ (2) ア	ウ カ	ア
2点×4	2点	2点×2	(1)2点・(2)3点	完答6点	5点

目標点

23／30点

問題文の概要

あらすじ● 殿上人《てんじょうびと》が、いつも話し相手にしている「六《ろく》」という賢い女を呼んでくるよう使いに頼んだところ、使いの者が「六」を刑部省《ぎょうぶしょう》の役人の「録《ろく》」と勘違いしてしまった。「録」は場違いなところに呼び出されて恐縮しながら姿を見せる。殿上人は人違いだとも言い出せず、仕方なくとりとめもない質問をしてその場を取り繕った。その話を聞いた「六」は笑ったとか。

内容解説● 冒頭で紹介される「六」が主人公かと思いきや、途中で「録」が登場します。そこで初めて読者も「使者の勘違い」で事が進んでいたことに気づかされます。勘違いによって呼ばれた「録」も呼んだ当人も困惑するばかり。結局笑ったのは「六」だけというオチのついた、世俗説話らしい笑い話です。

設問解説

問一 語句の意味

傍線部①「うるせき」は、「**よく気がきく・賢い**」の意味の形容詞「うるせし」の連体形です。よって、エの「賢い女」が正解です。「六」という女は、殿上人たちの退屈しのぎの相手となるような人なので、賢い女だということです。

「うるせし」と似た形容詞に「うるさし」があるので、まとめて覚えておきましょう。

> 関連メモ **セットで覚える　似た単語**
> **うるせし** 形 よく気がきく。賢い。↓プラスの意味だけ
> **うるさし** 形 煩わしい。優れている。
> ↓プラスの意味とマイナスの意味がある

傍線部②「便《びん》なく」は「**不都合だ・けしからん**」の意味の形容詞「便なし」の連用形、「候ふ」は丁寧の補助動詞で「〜でございます」の意味です。よって、アの「とんでもないことでございます」が正解となります。傍線部②は呼ばれた「録」の発言です。**注2**にあるように、「録」の発言は遠慮しているように感じられたということで、文脈的にも矛盾がありません。

傍線部③「ひが事」は漢字で書くと「僻事」で、「**悪事・間違い**」の意味です。よって、エの「間違い」が正解です。傍線部③は「録」の発言で、「自分はこんなところに参上したことがないから、呼ばれたのは間違いだ」と言っているのです。この時点では、間に「侍《さぶらひ》」が入っていて、殿上人たちはまさか別人が返事をしているとは思っていないので、「参上したことがない」という発言は腑《ふ》に落ちないのですが、この後「六」ではなく「録」が殿上人の前に登場して、間違いが発覚するのです。

> 関連メモ **セットで覚える　類義語・派生語**
> **ひが事** 名 悪事・間違い。　**ひが覚え** 名 記憶違い。
> **ひが目** 名 よそ見。見間違い。
> **ひが耳（ひが聞き）** 名 聞き間違い。
> **ひがひがし** 形 ひねくれている。みっともない。

傍線部④「ことうるはしく」は形容詞「ことうるはし」の連用形です。直前に服装の記述があるので「事うるはし」で、「(物事や様子が) きちんとしている」の意味です。よって、イの「きちんとして」が正解です。なお、「言うるはし」で「(話し方や文章が) 理路整然としている」という意味もあります。傍線部④は、姿を見せた「録」のきちんとした礼儀正しい様子を表しています。

解答 ①エ　②ア　③エ　④イ

問二　文法（係り結び）

係り結びとは、文中に係助詞を用いたとき、文末（結びの語）が終止形ではなくなる法則のことです。

> **●係り結びの法則●**
>
> 〈係助詞〉　　　　〈結びの語の活用形〉
>
> **ぞ・なむ・や・か** ―――― **連体形。**
>
> **こそ** ―――――――― **已然《いぜん》形。**

本文から順に係助詞（‖）とその結びの語（―）を探していきます。（頭の数字は本文の行数です。）

1　名をば六とぞいひける。　→過去の助動詞「けり」の連体形

5　つきみて言ふにこそ　→結びの省略

6　ひが事にてこそ候ふらめ。　→現在推量の助動詞「らむ」の已然形

7　やうぞあるらん。　→現在推量の助動詞「らむ」の連体形

12　また何者か候ふ。　→動詞「候ふ」の連体形

13　かう宮仕へするこそ神妙《しんべう》なれ。　→形容動詞「神妙なり」の已然形

14　とこそやりけれ。　→過去の助動詞「けり」の已然形

15　笑ひけるとか。　→結びの省略

よって、結びが助動詞となっているのは、**四箇所**です。

「つきみて言ふにこそ」の後には「あらめ」（＝動詞「あり」の未然形＋推量の助動詞「む」の已然形）などが省略され、「笑ひけるとか」の後には「言ふ」（連体形）などが省略されています。「神妙なれ」の「なれ」は断定の助動詞と間違えやすいので要注意です。状態や様子を表していたら形容動詞です。

解答　イ

問三　文法（「ね」の識別）

識別の問題では、接続関係と、活用形に注意します。

> **●「ね」の識別●**
>
> ・未然形に接続　→打消の助動詞「ず」の已然形
>
> ・連用形に接続　→完了の助動詞「ぬ」の命令形

二重傍線部 a「ね」の前後を品詞分解します。

> 言は―れ―ね―ば

「言は」は四段活用動詞の未然形なので、「れ」は、自発・可能・受身・尊敬の助動詞です。この助動詞は下二段型に「**れ**—**れ**—る—るる—るれ—れよ」と活用し、未然形と連用形が同形なので、「れ」の活用形によって「ね」を識別することができません。このような場合は、「ね」の下に着眼します。

「ね」の下に接続している「ば」は接続助詞です。接続助詞の「ば」には二つの働きがあります。

> **●接続助詞「ば」の用法●**
> ・**未然形＋ば**　→順接仮定条件［〜ならば］
> ・**已然形＋ば**　→順接確定条件［〜ので］［〜すると］

このように、接続助詞「ば」の上には未然形か已然形しか接続しません。一方、「ね」は已然形か命令形なので、ここは「**已然形＋ば**」だということです。よって、「ね」は打消の助動詞「ず」の已然形となります。「ね」が打消の助動詞だと識別できて初めて、その上にある「れ」は未然形だとわかります。

二重傍線部**b**　直前の「まかり」が四段活用動詞「まかる」の連用形なので、連用形に接続している「ね」は完了の助動詞「ぬ」の命令形と、簡単に識別できます。

解答　a イ　b ア

---

①とう｜②まかり｜③ね

①形「疾し」の連用形「とく」のウ音便。すばやい。
②動「罷る」の連用形。退出する。貴人のもとから退く意の謙譲語。
③助動「ぬ」の命令形。完了［〜てしまう］

直訳▼早く退出してしまえ

問四　(1)**主体の把握**　(2)**現代語訳**

ポイントとなるのは「げにげにし」の意味です。まずは、傍線部⑤を下に伸ばして訳してみます。

着眼点　**傍線部の前後に根拠あり！**

①いと｜②げにげにしく｜も｜③おぼえ｜④ず｜⑤して｜庁官｜⑥うしろざま｜へ｜⑦すべりゆく

①副 まったく。
②形「実に実にし」の連用形。道理にかなっている。納得できる。
③動【覚ゆ】感じる。
④助動「ず」の連用形。打消［〜ない］

⑤**接助** 状態［〜て］
⑥**名**【後ろざま】後方。
⑦**動**【滑り行く】そっと移動する。そっと退出する。

直訳▼まったく納得できるように感じなくて庁官は後方へそっと退出する

読解ルール **「て」「して」は主語を継続させる！**

「げに」は「言われていることに納得し共感する気持ち」を表します。納得できると感じずにそっと退出しているので、「おぼえず」と「すべりゆく」の主語は同一人物です。よって**主語**はウの「刑部録（庁官）」となります。現代語訳は、「**いとげにしくもおぼえず**」を「**まったくわからない**」と訳しているアが正解です。

解答 (1) **ウ** (2) **ア**

問五 内容合致の判定

まず注目してほしいのが、「合致しないものを選びなさい」という設問の文言です。選択肢形式の設問では、基本的には、選ぶ選択肢の数はわかるようになっていますが、このようにいくつ選ぶのかわからない場合は、正解が複数ある可能性も頭に入れておいてください。

●内容判定の手順●

1 選択肢の記述に関わる本文箇所を探す
2 選択肢と本文を照らし合わせる

右の手順に沿って各選択肢を検討します。

ア 殿上人たちは、時々「六」という女を呼び出しては話し相手として楽しんでいた。
→1行目「殿上人ども、もてなし興じけるに」、2行目「六呼びてつれづれ慰めん」と合致。

イ 刑部録という老庁官が「録」と「六」のロク違いで間違って呼び出された。
→2行目「六呼びてつれづれ慰めん」、8行目「刑部録《ぎやうぶのろく》といふ庁官、……うづくまりゐたり」などと合致。

ウ × 老庁官は、いわれのない叱責と詰問に恐れるばかりで、恐怖のためうずくまっていた。
→庁官は、場違いなところに呼ばれて恐縮している。叱責や詰問は受けていない。8行目の「責め」は「催促する」の意味。「恐れ」は「恐縮する」の意味。

エ 案に相違した殿上人たちは、老庁官にその場を取り繕うための質問をした。

↓12行目「やや、庁には、また何者か候ふ」という発言と合致。

オ 老庁官は、分に応じて礼儀正しく控えめな人物であった。

↓4行目「『便なく候ふ』など言へば」、9行目「ことうるはしく、……うづくまりゐたり」と合致。

カ この取り違えは、実は、殿上人を楽しませようとする「六」の機知が生んだものであった。×

↓六は後で笑ったとあるだけで、六が仕組んだとは書かれていない。

アの「話し相手として」は、はっきりとした記述はありませんが、**問一**傍線部①で見たように、賢い六を相手に退屈しのぎをしていたということは、会話などを楽しんでいたのだと捉えることができます。よって、**合致しないものは、ウとカ**です。**ウ**は本文中の単語の誤った解釈で作られた誤答、**カ**は本文に根拠のないことが書かれている誤答と言えます。　**解答**　**ウ・カ**

問六　**趣旨（説話の主題）**

本文の最後に「この六、後に聞きて笑ひけるとか」とあるのが着眼点です。**この「笑い」をどう捉えるか**がポイントです。「後に」とあるので、この説話は後で話を聞いた「六」を笑わせた話だということです。「笑い」といっても、「爆笑」「微笑」「冷笑」「苦笑」「嘲笑」など、さまざまな種類の「笑い」があります。「六」の「笑い」はどのようなものだったのかを、考えます。

ここで、**問五**の内容判定がヒントになります。内容に合致しているのは**問五**の選択肢**ア・イ・エ・オ**です。

ア「殿上人たちは、時々『六』という女を呼び出しては話し相手として楽しんでいた。」は、「笑い」を生む状況を作るための前提です。（起）

イ「刑部録という老庁官が『録』と『六』のロク違いで間違って呼び出された。」は、最後の「笑い」を生むための大事な状況です。（承）

エ「案に相違した殿上人たちは、老庁官にその場を取り繕うための質問をした。」は、この話のクライマックスです。（転）

オ「老庁官は、分に応じて礼儀正しく控えめな人物であった。」も、実は「笑い」を生む要因の一つです。

そして最後の六の「笑い」につながります。（結）

これらを参考に、本文の内容をまとめると、次のようになります。

> 殿上人が呼びたかったのは、いつも話し相手をしていた「六」という女なのに、やって来たのは「録」という年老いた庁官だった。

これだけでは、たいした「笑い」は生まれません。

しかし、礼儀正しく控えめな録に殿上人たちは人違いだとは言い出せず、その場を取り繕うためにとりとめもない質問をし、録は何が何だかわからないまま退出した。

後半の、殿上人と録のやり取りの中に「笑い」を生む要因があります。人違いだとわかった時点で、「ごめん、人違いだった」と言ってしまっていたら、これは笑い話にはなりません。場違いなところに呼ばれた録が、**問五**の選択肢**オ**にあるような礼儀正しく控えめな人物だったため、殿上人たちは人違いだとは言えなくなってしまい、仕方なく、どうでもよいことを録に質問します。録も答えはするもののわけがわかりません。**食い違った状況における殿上人と録のおもしろいやり取り**こそが「六」を、そして読者を笑わせるのです。

この文章の出典が世俗説話の『宇治拾遺物語』であることを踏まえても、**おもしろくて笑った**のだと読解できます。

ここで、**1講の問一**で扱った、「ひらがなの語に複数の漢字を当てる」という話を思い出してください。「ろく」→「六」と「録」となります。「六」と「録」の勘違いが生んだ笑い話ということです。よって、アの「ユーモラスな誤解」が正解です。**問一**で出題されていた「ひが事」「ことうるはしく」も、実はこの話の「笑い」に欠かせない重要な要素を表す言葉だったということです。設問もヒントにしながら、キーワードを見落とさずに読むことで、話の趣旨を読み取ることができます。

解答 ア

現代語訳

これも今は昔、白河院の御時、北面の曹司に、①**うるせき**女ありけり。名をば六と**ぞ**（強意↓）いひ**ける**（過去・体↑）。殿上人ども、**もてなし**興じけるに、雨うちそぼ降りて、**つれづれなりける**

これも今は昔のこと、白河院《しらかわいん》の御代《みよ》に、北面《きたおもて》の武士の詰所に、**賢い**女がいた。名を六といった。殿上人たちが、**ちやほやして**おもしろがっていたが、雨がしとしと降って、**退屈だった**日、

重要語句

□うるせし　①賢い。気がきく。②上手である。

□もてなす【もて成す】①取り扱う。②ふるまう。③ちやほやともてはや

日、ある人、「六呼びてつれづれ慰めん」とて使ひをやりて、「六呼びて来」と言ひければ、

ある人が、「六を呼んで退屈をまぎらわせよう」と言って使いの者を行かせて、「六を呼んで来い」と言ったところ、

ほどもなく、「六召して参りて候ふ」と言ひければ、「**あなた**より内の出居の方へ具して来」と言ひければ、

間もなく、（使いの者が）「六を呼んで参りました」と言ったので、（殿上人が）「**あちら**から院の御所の客間のほうへ連れて来い」と言ったところ、

侍出で来て、「**こなた**へ参り給へ」と言へば、「②**便なく**候ふ」など言へば、

侍が（表へ）出て行って、（録に）「**こちら**へ参上なさい」と言うと、（録は）「（それは私には）**不都合で**ございます」などと言うので、

侍帰り来て、「召し候へば、『便なく候ふ』と申して、恐れ申し候ふなり」と言へば、

侍が（殿上人のところへ）帰って来て、（ある人に）「呼び入れますと、（録は）『不都合でございます』と申して、恐縮いたしております」と言うので、

つきみて言ふにこそと思ひて、「などかくは言ふぞ。ただ来」と言へども、「③**ひが事**にてこそ候ふらめ。**先々**も、内の御出居などへ参ることも候はぬに」と言ひければ、

遠慮して言うのであろうと（ある人は）思って、「なぜそのように言うのか。すぐに来い」と言うけれども、（録は）「**間違い**でございましょう。**以前**にも、院の御所の客間などへ参ったこともありませんのに」と言ったので、

この多くゐたる人々、「ただ参り給へ。やうぞあるらん」と責めければ、

ここに多数いた人々も、「とにかく参上なさい。（おまえを呼ぶのには）理由があるのだろう」とせきたてたので、

「**ずちなき**恐れに候へども、召しにて候へば」とて参る。

（録は）「**どうしようもなく**恐れ多いことでございますが、お召しでございますから（参上します）」と言って参上する。

この主見やりたれば、刑部録といふ庁官、

この（呼びにやった）主人が見やると、刑部省の録という庁官〔＝院の庁の役人〕で、

す。

□つれづれなり【徒然なり】①することがなく退屈だ。②もの寂しい。

□あなた【彼方】向こうのほう。あちら。

□こなた【此方】こちら。

□びんなし【便無し】①不都合だ。折が悪い。②気の毒だ。

□ひがこと【僻事】間違い。悪事。

□さきざき【先々】①これまで。以前。②将来。

□ずちなし【術無し】どうしようもない。

鬢・鬚に白髪まじりたるが、とくさの狩衣に青袴着たるがいと④ことうるはしく、さやさやとなりて、扇を笏にとりて、少しうつぶして、うづくまりゐたり。

びんにもひげにも白髪がまじっている者で、木賊《とくさ》色の狩衣《かりぎぬ》に青袴《あおばかま》をはいている者がたいそうきちんとしていて、さやさやと（衣《きぬ》ずれの）音をたてて、扇を笏《しゃく》のように持って、少しうつ伏せになって、うずくまって座っていた。

大方いかに言ふべしともおぼえず、ものも言はれaねば、この庁官いよいよ恐れかしこまりてうつぶしたり。主、さてあるべきならねば、「やや、庁には、また何者か候ふ」と言へば、「それがし、かれがし」と言ふ。⑤いとげにげにしくもおぼえずして庁官うしろざまへすべりゆく。この主、「かう宮仕へするこそ神妙なれ。見参には必ず入れんずるぞ。とうまかりbね」とこそやりけれ。

（これには主人も）まったく何と言ってよいかもわからず、ものも言えないので、この庁官（＝録）はますます恐れかしこまってひれ伏していた。主人は、そのままそうしているわけにもいかないので、「これこれ、役所には、他に誰がお仕え申し上げているのか」と言うと、（録は）「誰それ、かれそれ（がおります）」と言う。（なぜ呼ばれたのか）まったく納得できるように思えなくて庁官は（前を向いたまま）後方へそっと退出してゆく。（そこで）この主人は、「このように宮仕えをするのは殊勝だ。（おまえの名前を書き留めて院との）ご面会には必ず入れようぞ。早く退出せよ」と言って帰らせた。

この六、後に聞きて笑ひけるとか。

この六は、後で（このいきさつを）聞いて笑ったとか（いうことだ）。

［出典：『宇治拾遺物語』巻第十四の七］

□ことうるはし【事うるはし】ふるまいや様子がきちんとしている。

□おほかた〜ず【大方〜ず】まったく〜ない。

□さてあるべきならねば　そのままそうしているわけにもいかないので。

□げにげにし【実に実にし】①もっともらしい。②納得できる。③まじめである。

□しんべうなり【神妙なり】①不可思議だ。②けなげだ。殊勝だ。

□げんざん【見参】①お目にかかること。②会うこと。

文法まとめ ②「係り結び」

係り結びの法則

ここでは、古文を読むうえで欠かすことのできない「係り結び」についてまとめておきます。

通常の文末は終止形ですが、「ぞ」「こそ」などの係助詞を文中に用いることによって、文末が連体形や已然形になります。これを「**係り結びの法則**」と言います。

〈係助詞〉	〈結びの活用形〉
ぞ・なむ・や・か	―― 連体形。
こそ	―― 已然形。

「やは」は「や」、「かは」は「か」と同じ。

例 都 ありあり（終止形）。
都ぞ あるある（連体形）。
都なむ あるある（連体形）。
都や あるある（連体形）。
都こそ あれあれ（已然形）。

係助詞の意味

〈係助詞〉	〈意味〉
ぞ・なむ・こそ	強意 ↓訳出しなくてよい。
や・か	疑問（〜か） 反語（〜か、いや〜ない） ↓文脈によって判断する。

係り結びの省略 ↓結びの語句が省略されている。

例 あはれと覚ゆるにや。
↓「に（断定・用）＋や」の下に結びの語句の「あらむ」などが省略されている。

係り結びの消滅（流れ） ↓文が結ばないで下につながる。

例 人こそ知らね。↓打消の助動詞「ず」の已然形。
↓係り結びの成立。
人こそ知らねども、…。 ↓係り結びの消滅（流れ）。

伊勢物語《いせものがたり》

作品解説 ■ 平安時代に成立した歌物語。百二十五段からなる。在原業平《ありわらのなりひら》が主人公のモデルかと言われている。平安貴族の「みやび」の心を描き、その後の文学に大きな影響を与えた。「在五《ざいご》中将日記《ちゅうじょうにっき》」ともいう。歌物語には他に『大和物語《やまとものがたり》』『平中物語《へいちゅうものがたり》』などがある。

別冊（問題） p. 16

解答

問一	a 在原の行平 b あるじのはらからなる	3点×2
問二	イ	2点
問三	B を C み	2点×2
問四	① イ ② オ	3点×2
問五	ウ	8点
問六	イ	4点

目標点 20／30点

問題文の概要

あらすじ ● 在原行平《ありわらのゆきひら》のところにおいしい酒があると聞いた人たちがやって来て、藤原良近《ふじわらのまさちか》を正客として、行平は宴を行った。行平が飾っていた藤の花を題にして皆が歌を詠んだが、詠み終わる頃、行平の兄弟の男（在原業平）がやって来たので、その男にも歌を詠むように求めた。男の詠んだ歌を人々は非難したが、男の説明を聞いて、皆黙ってしまった。

内容解説 ● 歌物語は、詞書《ことばがき》（歌の説明文）が発展した物語で、本文は「咲く花の」の歌が、どのような状況で詠まれたものかを説明しています。在原業平の詠んだ歌が意味ありげに感じられたために、客人たちが非難したのを、業平が巧みな説明で黙らせたという結末がついて一つの物語となっています。

設問解説

問一　主体の把握

古文では主語が省略されていることが多く、これが古文を読解するうえでの、いちばんの壁になっています。しかし、よく考えれば、省略されている主語は、**明記しなくてもわかるものだから書いていないわけ**です。次のことを頭に置いておきましょう。

- **物語――主人公の主語は省略される**
- **日記――「私」の主語は省略される**
- **会話文――「私」「あなた」の主語は省略される**

傍線部a　まずは傍線部の前も含めて訳します。

①あるじまうけ―②し―③たり―④ける

①名【饗設け】主人として客をもてなすこと。
②動「す」の連用形。
③助動「たり」の連用形。存続［～ている］
④助動「けり」の連体形。過去［～た］

直訳▼主人として客をもてなしていた

「あるじまうけ」の意味がわかれば、文章中に書かれていなくても「主語」がわかります。**登場人物の中で、「客をもてなす主人」は在原行平だけ**です。五字の指定があるので、「在原の行平」で正解です。

傍線部b　難　傍線部を訳します。

①すまひ―②けれ―③ど

①動【辞ふ】断る。
②助動「けり」の已然《いぜん》形。過去［～た］
③接助 逆接［～けれども］

直訳▼断ったけれども

「すまふ」には「住まふ」もありますが、ここは、「とらへて詠ませける」を受けているので、「辞ふ」となります。ここで、これまでの内容をまとめてみます。

「在原行平が客をもてなし、皆で藤の花を題にして歌を詠んだ」、この後です。4行目の「詠みはてがたに」は「詠み終わる頃に」の意味で、事態が動くサインです。

その後の「あるじのはらからなる、あるじし給ふと聞きて来たりければ」の主語・述語の関係を確かめます。

あるじのはらからなる、（あるじし給ふ）と聞きて来たりければ

（S_1：あるじのはらからなる／S_2＝行平　V_2：あるじし給ふ／V_1：聞き／V_1'：来）

まずは、「あるじし給ふ」（V_2）の主語は、書いてありませんが、傍線部aで見たように、主人である「行平」です。次に「聞き」（V_1）て「来」（V_1'）の主語を考えると、客たちは既に行平のところに来ているので、「あるじのはらからなる」が主語と考えられます。これを訳してみます。

①あるじ｜②の｜③はらから｜④なる

①名【主】主人。ここは「行平」を指す。
②格助 連体格［〜の］
③名【同胞】兄弟。
④助動「なり」の連体形。断定［〜である］

直訳▼主人の兄弟である

直訳を見ても、これだけでは不完全な気がします。それは、この部分が連体形で文を中止して、次の文に続いているからです。

そこで、連体形の用法を確認します。

●連体形の働き●

1 **連体法＝下の体言を修飾する**
例 白き花　訳 白い花
→「白き」が連体形で下の「花」を修飾している。

2 **終止法＝文を止める働き**
例 花ぞ白き。　訳 花が白い。
→「白き」が係り結びによって文を止めている。

3 **準体法＝体言に準ずる働き**
例 白きを見る。　訳 白い花を見る。
→「白き」が体言（名詞）の働きをしている。文脈に応じて下に「花」などの名詞を補って訳す。

連体形には三つの働きがありますが、ここの「なる」は、下に体言もないし、文を止めてもいません。よって、「なる」は準体法ということになります。つまり、「なる」の下に**名詞を補うことができる**ということです。「主人の兄弟である人」「主人の兄弟である男」などのように「人」や「男」を補うことで、文法的に完全なものになり、これで「聞いてやって来た」の主語が「行平の兄弟である男」だと確認できました。

本文1行目の「行平といふありけり」の「いふ」も連体形の

準体法で、下に「人」などの名詞を補うことができます。

この「兄弟である男」は『伊勢物語』の主人公のモデルと言われている「在原業平」です。

話を戻します。「行平が饗応《きょうおう》(もてなし)をしていると聞いて、業平がやって来た」、この後です。

次の「とらへて詠ませける」の主語はどうでしょうか。「つかまえて歌を詠ませた」という意味ですが、もともと行平の家にいた「客や行平」は既に歌を詠んでいるので、最初から行平の家にいた客たちが後でやって来た「業平」に詠ませたと判断できます。**「客たちが業平に歌を詠むことを求めた」**のであれば、**「断った」の主語は「業平」**ということになります。

「**b**は十字で」と指示があるので、「あるじのはらからなる」で正解です。一見主語には見えないところが主語になるという難しい問題です。連体形の用法もしっかり覚えましょう。

解答 **a 在原の行平　b あるじのはらからなる**

問二　適語の補充（係り結び）

ポイントは係り結びと助動詞の活用形です。

着眼点　文末の空欄は係り結びをチェックせよ！

文末が空欄になっている場合は、まず**係り結び**の有無を確認してください。係り結びの法則については、**2講**の**問二**の解説とP.31「文法まとめ②」を参照してください。

空欄の前に係助詞の「なむ」があります。**「なむ」の結びは連体形**なので、空欄には連体形が入るということです。選択肢はいずれも過去の助動詞ですが、連体形になっているのは、イの「ける」だけです。

基本形	未然形	連用形	終止形	連体形	已然形	命令形
き	(せ)	○	き	し	しか	○
けり	(けら)	○	けり	ける	けれ	○

解答 **イ**

問三　適語の補充（語幹の用法）

ポイントは形容詞の語幹の用法です。

まずは空欄の前後を訳します。「下にかくるる／人B多C」で、歌の第二句・第三句にあたり、第三句は六音で字余りです。

下｜に｜かくるる①｜人｜B｜多②｜C

① 動【隠る】隠れる。（下二段活用の連体形）

② 形「多し」の語幹。

直訳 ▼ 下に隠れる人B多いC

この歌は花房の長い珍しい藤の花を題として詠まれた歌です。**問五**で解説しますが、この歌は藤原氏の栄華を思って詠んだ歌だと説明されます。これを踏まえると、上の句の「咲く花の下に隠れている人が多い」ということと、下の句の「以前にもましてすばらしい藤の花陰」ということは、無関係な二つの事柄が並べられているのではなく、**「人が多い」ことが原因理由となって**「以前にもましてすばらしく見える」のだと考えられます。よって、空欄にひらがなを入れることで原因理由を表すようにすればよいということになります。

形容詞は他の品詞と同様に、已然形＋「ば」を用いて、「多ければ」として原因理由を表すこともできますが、「ければ」では三文字なので設問の指示に合いません。そこで思い出してほしいのが、形容詞の語幹の用法です。形容詞には**語幹と接尾語「み」を用いて原因理由を表す用法**があります。

●**形容詞の語幹の用法**●

1　感嘆文を作る

「あな」＋形容詞の語幹　　＊シク活用の場合は終止形が語幹の働きをする。

例 あな、めでた。　訳 ああ、すばらしい。

「めでた」は形容詞「めでたし」の語幹

2　理由を表す

名詞＋「を」＋形容詞の語幹＋「み」

→「〇〇が△△ので」の意味を表す。

「を」は省略されることもある。

例 山を高み、　訳 山が高いので、

「高」は形容詞「高し」の語幹

よって、空欄Bには「を」、空欄Cには「み」が入ります。「を」は格助詞ではなく間投助詞で、「を」が省略されて「人多み」でも、「人が多いので」の意味になります。

歌の内容を問われていないので、業平がこの歌をどのようなつもりで詠んだかは考える必要はありませんが、藤原氏を象徴する「藤の花」の下に隠れている人が多いという内容は、在原氏が詠んだ歌としては看過できないものがありそうです。

解答　Bを　Cみ

問四　解釈

一見、語句の意味を問うているだけに見えますが、文脈を踏まえた「解釈問題」です。

傍線部①「まらうどざね」は、「まらうど」に「ざね」が付いた語です。

・**まらうど**＝**客人**。対義語は「あるじ」（主人）。
・**ざね**＝「**中心となるもの**」を表す接尾語。

よって、「中心となる客」という意味のイ「正客」が正解です。ただし、「ざね」は重要単語ではないので、知らない人もいるでしょう。

では、文脈から考えてみましょう。

着眼点 **傍線部の前後に根拠あり！**

傍線部の前後を見ると、「左中弁《さちゅうべん》藤原の良近といふをなむ、まらうどざねにて」とあります。さらに、8行目の「おほきおとどの栄華の盛りにみまそがりて」に着目してください。この文章には「藤原氏が栄華の絶頂にある」という背景があるので、「藤原の良近」はただの客ではなく、「大事な客」なのです。それを読み取れば、「ざね」を知らなくても答えを出すことはできます。知識があれば簡単に解けることは言うまでもありません。

傍線部② 「なさけある人」の「なさけ」は多義語で、文脈によって判断しなければならない重要単語です。

・**なさけ【情け】**＝「**人情・風流心・恋情・風情**」などの意味を表す多義語。

傍線部を下に伸ばすと、「瓶《かめ》に花をさせり」とあります。

読解ルール **「て」は同じことの言い換えを表す！**

「て」は言い換えを表すので、

なさけある人にて、瓶に花をさせり
（イコールの関係）

「花を飾る人」は、選択肢エの「花の好きな人」かもしれませんが、ここは**何のために花を飾ったのか**を考えてください。「大事な客をもてなすため」です。しかも「藤原氏」が主賓です。「藤の花」の「藤」は「藤原氏」の象徴なので、「藤原氏をもてなすために藤の花を飾る」という趣向をこらしたということです。よって、**正解はオ「上手に趣向がこらせる人」**です。言うまでもなくこの「なさけある人」とは主人である「行平」のことです。

この設問が解釈問題だったことがわかったでしょうか。

解答 ①**イ** ②**オ**

問五　理由の説明

理由説明には状況説明と目的説明の二つがあります。例えば、「雨が降ってきたので、傘をさす」という文で、傘をさした理由は何かと聞かれたら、状況説明なら「雨が降ってきたから」となり、目的説明なら、「濡《ぬ》れないようにするため」というのが答えです。設問が求めているものをよく見極めて、的外れな答えにならないようにしなくてはなりません。

まずは傍線部③を訳します。

皆人、―①そしら―②ず―③なり―④に―⑤けり

①動【譏る】非難する。けなす。
②助動「ず」の連用形。打消［～ない］
③動「なる」の連用形。
④助動「ぬ」の連用形。完了［～てしまった］
⑤助動「けり」終止形。過去［～た］

直訳▼すべての人が、非難しなくなってしまった

「なる」は変化を表すので、「はじめは非難していたが、何かをきっかけに、非難しなくなってしまった」ということです。その「きっかけ（状況）」を問うているわけです。

業平が皆から無理強いされて歌を詠んだ後、本文8行目の「などかくしも詠む」に着眼します。これは「どうしてこのように詠むのか」という意味ですが、誰の発言でしょうか。詠んだ本人が言うはずはないので、歌を詠ませた客人たちの発言ということです。**「どうして～か」という発言**は疑問文でもありますが、**非難の気持ちを表す**こともできます。ここは、「客人たち」が業平の歌を聞いて「なんでこんな歌を詠むのだ」と非難したのです。それを受けて「藤原氏が栄えていることを思って詠んだのだ」と業平が説明したので、皆が非難しなくなった、ということです。つまり、**非難しなくなったきっかけは「業平が説明した」という状況**です。

業平　「咲く花の」の歌を詠む
↓
他の客人　「どうしてこのように詠むのか」と歌を非難
↓
業平　「藤原氏の栄華を詠んだ」と説明
↓
他の客人　誰も非難しなくなった

選択肢からこれに合致するものを選ぶと、ウの「歌の作者の巧みな説明に納得したので。」が正解となります。

問三でも解説したように、「藤の花の下に隠れている人が多い」という歌の内容には、藤原氏を不愉快にさせる意味が読み取れたために、客人たちはこの歌を最初は非難したのです。そ

れを、業平が巧みな説明をして封じたということです。

解答 ウ

問六　文学史

文学史は、その作品が書かれた「時代」、「ジャンル」、わかっているものについては「作者（編者・筆者）名」を覚えるのが基本です。「ジャンル」の理解が本文解読を助けてくれることは「学習テーマ」で解説したとおりです。

各選択肢のジャンルと時代を確かめておきましょう。

竹取物語《たけとりものがたり》→作り物語（伝奇物語）・平安時代
大和物語《やまとものがたり》→歌物語・平安時代
うつほ物語《ものがたり》→作り物語・平安時代
落窪物語《おちくぼものがたり》→作り物語・平安時代
宇治拾遺物語《うじしゅういものがたり》→説話・鎌倉時代

『伊勢物語』は「歌物語」に属するので、イの『大和物語』が正解です。成立は、『伊勢物語』のほうが少し前だと見られています。

解答 イ

現代語訳

むかし、左兵衛督《さひょうえのかみ》なり（断定・用）ける在原の行平といふありけり。その人の家によき酒ありと聞きて、上にありける左中弁藤原の良近といふをなむ（強意（↓））、①**まらうどざね**にて、その日は**あるじまうけ**ᵃしたりける（過去・体（↑））。②**なさけ**ある人にて（断定・用）、瓶に花をさ

昔、左兵衛督〔＝左兵衛府の長官〕であった在原行平という人がいた。その人〔＝行平〕の家によい酒があると聞いて（人々がやって来たので）、**殿上の間**に（出仕して）いた左中弁〔＝太政官の左弁官局の中弁〕藤原良近という人を、**正客**として、その日は（行平が）**ごちそう**をした。（主人の行平は）**風流心**のある人で、花瓶に花

重要語句

□うへ【上】①天皇。②殿上の間。③（貴人の）奥様。
□まらうどざね【客人ざね】正客。
□あるじまうけ【饗設け】客をもてなすこと。ごちそうすること。
□なさけ【情け】①思いやりの心。②男女の情愛や恋愛。③風流心。情趣

強意(↓)
せり。その花の中に、あやしき藤の花ありけり。花のしなひ三尺六寸ばかりなむあ
を挿した。その花の中に、珍しい藤の花があった。花の房は三尺六寸（＝約一・一メートル）ほども

過去・体(↑)　断定・体
りける。それを題にて詠む。詠みはてがたに、あるじのはらからなる、あ
あった。その花を題として（歌を）詠む。（人々が）詠み終わる頃に、主人の兄弟である人（＝在原業平）が、（行

過去・已　使役・用
るじし給ふと聞きて来たりければ、とらへて詠ませける。もとより歌のことは
平が）ごちそうをしていらっしゃると聞いてやって来たので、つかまえて（歌を）詠ませた。もともと（業平は）歌のことは

過去・已　過去・已　使役・用　過去・已　強意(↓省)
知らざりければ、ᵇすまひけれど、強ひて詠ませければ、かくなむ。
わからなかったので、断ったけれど、無理やり詠ませたところ、このように（詠んだ）。

連体詞
咲く花の下にかくるる人を多みありしにまさる藤のかげかも
咲く花の（大きな房の）下に隠れている人が多いので、以前にもましてすばらしい藤の花陰であるなあ。

強意　過去・已　主格
「などかくしも詠む」と言ひければ、「おほきおとどの栄華の盛りにみまそが
（人々が）「どうしてこのように詠むのか」と言ったところ、（業平は）「太政大臣殿（＝藤原良房《ふじわらのよしふさ》）が栄華の盛りでいらっしゃっ

主格　完了・体　強意(↓)　過去・体(↑)
りて、藤氏のことに栄ゆるを思ひて詠める」となむ言ひける。③皆人、そしらずなり
て、藤原氏が特に栄えているのを思って詠んだ」と言った。（それを聞いて）人々は皆、非

完了・用
にけり。
難しなくなってしまった。

［出典：『伊勢物語』百一段］

を解する心。

□あやし【奇し・怪し】①不思議だ。②珍しい。【賤し】①身分が低い。②粗末で見苦しい。

□はらから【同胞】兄弟姉妹。

□すまふ【辞ふ】断る。【争ふ】抵抗する。

文法まとめ ③ 「形容詞」

ここでは形容詞に関する用法をまとめます。

●ク活用

例語	語幹	未然形	連用形	終止形	連体形	已然形	命令形
高し	高	○	く	し	き	けれ	○
		から	かり	○	かる	○	かれ

●シク活用

例語	語幹	未然形	連用形	終止形	連体形	已然形	命令形
うつくし	うつく	○	しく	し	しき	しけれ	○
		しから	しかり	○	しかる	○	しかれ

＊右側の「本活用」の後ろには助動詞以外の語が付く。左側の「補助（カリ）活用」の後ろには助動詞が付く（ただし、一部例外もある）。

形容詞の語幹の用法

形容詞の語幹とは活用しない部分を指し、ク活用は「し」を除いた部分、シク活用では「し」まで含めた終止形が語幹の働きとなります。

1 感嘆文を作る →「あな」＋形容詞の語幹

例 あな、めでた。 訳 ああ、すばらしい。

2 理由を表す →名詞（●）＋「を」＋形容詞の語幹（▲）＋「み」

→「●が▲ので」の意味を表す。

＊「を」は省略されることもある。

例 山を高み、 訳 山が高いので、

形容詞の下の「なり」の識別

1 ――き＋なり →断定の助動詞

例 うつくしきなり。 訳 かわいらしいのである。

2 ――かる＋なり →伝聞・推定の助動詞

例 うつくしかるなり。 訳 かわいらしいそうだ。

3 ――く＋なり →ラ行四段活用の補助動詞の連用形

例 うつくしくなりて、 訳 かわいらしくなって、

形容詞の下の「なむ（なん）」の識別

1 ――く＋なむ →強意の係助詞

例 うつくしくなむ、 訳 かわいらしくて、

2 ――かり＋な＋む →強意の助動詞＋推量の助動詞

例 うつくしかりなむ。 訳 きっとかわいらしいだろう。

3 ――から＋なむ →願望の終助詞

例 うつくしからなむ。 訳 かわいらしくあってほしい。

竹取物語《たけとりものがたり》

作品解説 ■ 平安時代初期に成立した作り物語。竹取《たけとり》の翁《おきな》が育てたかぐや姫《ひめ》は、五人の貴公子の求婚を退け、帝《みかど》の求婚にも応じず、八月十五夜に天人となって月へ帰っていくという話。『源氏物語《げんじものがたり》』の中で「物語の出《い》で来《き》始めの祖《おや》」と書かれ、物語の祖とされる。

別冊（問題） p. 20

解答

問題	解答	配点
問一	a ウ　b エ　c ア	4点×3
問二	イ	2点
問三	オ	5点
問四	エ	5点
問五	ウ	3点
問六	ウ	3点

目標点 23／30点

問題文の概要

あらすじ ● かぐや姫の美しさを聞き知った帝は、それを確かめるためにかぐや姫のもとに使者を送る。使者は嫗《おうな》に帝の言葉を伝え、かぐや姫との対面を求めた。嫗はかぐや姫に使者と対面するように言うが、かぐや姫は拒む。引き下がるわけにはいかない使者は、強硬に対面を求めるが、かぐや姫はかたくなに拒み、仕方なく使者は戻って帝に奏上する。

内容解説 ● かぐや姫のことを知りたい帝、帝の命令でかぐや姫を見に来た使者、使者にかぐや姫を会わせたい嫗、会いたくないかぐや姫、これら四者の気持ちが会話のやり取りによって表現されています。

設問解説

問一 解釈

「語句の意味」「現代語訳」「解釈」は大学によって基準が異なりますが、一般的には、次のように使い分けられます。

・語句の意味＝単語などの意味
・現代語訳＝傍線部の直訳
・解釈＝直訳に主語などを補ってわかりやすい表現に直したもの

では、選択肢形式の解釈問題の手順を確認します。これに沿って考えていきましょう。

●解釈の手順●
1 品詞分解
2 直訳
3 選択肢と照らし合わせる

傍線部a ポイントは「めでたし」の意味です。直前に「かぐや姫のかたちの」とあるので、傍線部aはかぐや姫の容姿を評価した言葉だということです。

①世｜に｜似｜ず｜②めでたき

①「世に似ず」(連語)＝世間に類がない。
②形「めでたし」の連体形。すばらしい。優れている。

直訳▼世間に類がなくすばらしい

「めでたし」は、すばらしいものを強くほめたたえる意味を表すので、ウ「世間に類がなく、すばらしい」が正解です。

傍線部b

①よき｜②かたち｜③に｜も｜④あら｜⑤ず

①形「良し・好し・善し」の連体形。優れている。正しい。
②名【形・容・貌】容貌。顔かたち。
③助動「なり」の連用形。断定［〜である］
④補動「あり」の未然形。指定［〜である］
⑤助動「ず」の終止形。打消［〜ない］

直訳▼優れた容貌でもない

「かたち」の意味によって、選択肢を、「美男子でもない」とあるイと「よい顔立ちでもない」とあるエに絞ることができます。この発言が誰のものかを確認します。

本文を見ると、傍線部bの直前に「かぐや姫」と書いてあるので、これはかぐや姫の発言です。**会話の中で主語が省略されている場合、主語は多く「私」か「あなた」になります。**

もしこれが帝の顔かたちについて述べているならば、帝に対して敬意を表す敬語を使っているはずです。かぐや姫の他の会話文を見ると、帝に対しては敬語を用いています。

例えば、8行目には、「帝の召してのたまはむ」とあります。「召す」は「呼ぶ」の尊敬語、「のたまふ」は「言ふ」の尊敬語です。

傍線部bに尊敬語は使われていないので、**かぐや姫が自分の容貌について述べている**のだと判断できます。よって正解はエ「私は、よい顔立ちでもない」です。

かぐや姫のこの発言は、帝の使者としてやって来た内侍《ないし》の発言の「かぐや姫のかたち、優におはすなり」を受けたものです。かぐや姫は、帝の使者に会うという事態を避けようとして、このようなことを言って拒否の気持を伝えようとしています。

関連メモ **セットで覚える　評価を表す言葉**

よし【好し・良し・善し】形 欠点がなく優れている。

よろし【宜し】形 満足できないが、まあまあよい。普通。

わろし【悪し】形 よくない。悪いけれどそれほどでもない。

あし【悪し】形 まったく悪い。

＊「よし」「あし」は絶対的な評価、「よろし」「わろし」は他と比べての相対的な評価。

傍線部c　直前の「幼きもの」はかぐや姫を指すので、傍線部は嫗が**かぐや姫について述べたもの**だとわかります。

①こはく ― ②はべる ― もの

① 形「強し」の連用形。強情だ。手強《てごわ》い。

② 補動「はべり」の連体形。丁寧［～でございます］

直訳▼強情でございます者

「こはく」の意味を知っていれば、答えを出すことができます。もし知らなければ、傍線部cの直後の「て」に着眼します。

読解ルール **「て」は同じことの言い換えを表す!**

「て」は言い換えを表すので、「こはくはべるもの」＝「対面すまじき」となり、「こはく」は、「て」の下の「対面すまじき」というかぐや姫の態度を表しているということです。**嫗が何を言っても、帝の使者との対面をかたくなに拒む態度**は、**イ**「乱暴」でもなく、**ウ**「非情」でもなく、ましてエ「凶悪」でもありません。まさに**ア**「強情」そのものです。よって正解はア「強情な者」となります。「こはく」を「怖く」と思い込んで文脈を無視した答えを選んではいけません。

嫗は、かぐや姫は強情者だから対面しそうもないと言って、使者に弁解しているのです。

解答 a ウ b エ c ア

問二 **文法（「なる」の識別）**

「なる」あるいは「なり」の形をとる語としては、次のようなものが考えられます。

●「なる」「なり」の識別●

1 **四段活用動詞** →**変化を表す**
○○に
○○と
——く（形容詞の連用形）
○○ず（打消の助動詞）
} ＋「なる」 訳 なる

2 **断定の助動詞** →**眼前の事実を表す**
体言・連体形 ＋「なり」 訳 ～である

3 **伝聞・推定の助動詞** →**耳で得た情報を表す**
終止形（ラ変型では連体形） ＋「なり」 訳 ～だそうだ・～ようだ

4 **形容動詞の活用語尾** →**状態や様子を表す**
——やか
——らか
——か
——げ
} ＋「なり」 ＊全体で一語の形容動詞

傍線部①を含む部分を品詞分解してみます。

会は｜ざ｜なる｜かぐや姫｜は、

「ざ」は、打消の助動詞「ず」の連体形「ざる」です。「ざるなる」→「ざんなる」（撥音便《はつおんびん》）→「ざなる」（「ん」の無表記）と変化したものです。

この変化は、「ざる」が**伝聞・推定の助動詞「なり」**や**推量の助動詞「めり」に続く場合**に起こるものであることを知っていれば、この「なる」は伝聞・推定の助動詞「なり」の連体形であることがわかります。その知識がない場合は、「ず」の語形に着目します。

打消の助動詞には、次のように二つの活用があります。

基本形	未然形	連用形	終止形	連体形	已然形	命令形
ず	○ ざら	ず ざり	ず ○	ぬ ざる	ね ざれ	○ ざれ

「ざら・ざり・ざる・ざれ」は、下に助動詞が続く場合に使われる語形です。

ただし、断定の助動詞「なり」はもともと体言（名詞）に接続するので、「ざる」ではなく「ぬ」に接続します。一方、伝聞・推定の助動詞は原則どおり「ざる」に接続します。したがって、打消の下の「なる」「なり」は、「ず」の語形によって次のように識別することができるのです。

●打消の下の「なる」「なり」の識別●

会はずなる →「なる」は**動詞** 訳 会わなくなる

会はぬなり →「なり」は**断定**の助動詞 訳 会わないのである

＊「会はぬものなり」と体言を補うことができる。

会はざるなり →「なり」は**伝聞・推定**の助動詞 訳 会わないそうだ

＊「会はざなり」と変化することがある。

この文法知識によって答えは出ますが、状況も確認してみましょう。

帝はかぐや姫のことを、人から聞いて知りました。**耳から得た情報**です。本文の1行目に「帝きこしめして（帝がお聞きになって）」とあるのが根拠です。かぐや姫が多くの求婚者たちの誰とも結婚しないという話を聞いて、どんな美人なのか知りたくて使者を送ったのです。よって、傍線部①「なる」は**伝聞の助動詞**で、**正解はイ**となります。伝聞は「人から聞いたこと」、推定は「声や音を聞いて判断したこと」を表します。 **解答** **イ**

同様に、形容詞の下の「なり」も連体形の形で区別できるので、覚えておきましょう。

関連メモ 形容詞の下の「なり」の識別

――き ＋「なり」 →断定の助動詞

例 うつくしきなり 訳 かわいらしいのである

――かる ＋「なり」 →伝聞・推定の助動詞

例 うつくしかるなり 訳 かわいらしいそうだ

問三　解釈

傍線部②を、解釈の手順に従って考えていきます。

> ①うたて｜も｜②のたまふ｜③かな
>
> ①副　いとわしく。情けなく。
>
> ②動【宣ふ】おっしゃる。「言ふ」の尊敬語。
>
> ③終助　詠嘆［〜なあ］
>
> 直訳▼　いとわしくもおっしゃるなあ

ポイントは「うたて」と「のたまふ」の意味です。

「のたまふ」は尊敬語なので、選択肢**ウ**「あなたは、よくぞ、断りの返事をおっしゃいましたね」と**オ**「あなたのそのご返事は、残念なおっしゃり方ですねえ」に絞ることができます。

「うたて」はマイナスの感情を表す語なので、「よくぞ」とプラスの評価を表している**ウ**は間違いです。よって、**オが正解**です。

嫗はかぐや姫を使者に会わせたいのに、かぐや姫が拒否するので、それを「残念だ」と言っているのです。三人の登場人物にはそれぞれの思惑があって、相手の気持ちを無視した発言をしていることがわかります。

問一の傍線部**c**では丁寧語の「はべる」が訳出してありませんでしたが、この選択肢は敬語の訳がきちんとなされているので、尊敬語「のたまふ」の訳で選択肢を絞ることができたわけです。選択肢**オ**「あなたのそのご返事は、残念なおっしゃり方ですねえ」を直訳と比べてください。主語が補われ、自然でわかりやすい表現になっています。**問一**が現代語訳に近い設問だったのに比べ、これは典型的な解釈問題と言えます。

解答　**オ**

> **関連メモ**　**セットで覚える　派生語**
>
> **うたて**　副　いとわしく。情けなく。
>
> **うたてし**　形　いやだ。嘆かわしい。情けない。

問四　現代語訳

まずは、傍線部③を品詞分解して直訳してみましょう。

> 見｜①奉ら｜②で｜は、｜③いかで｜か｜④帰り参ら｜⑤む
>
> ①補動「奉る」の未然形。謙譲［〜申し上げる］
>
> ②接助　打消接続［〜しないで］
>
> ③副　どうして。ここでは反語を表す。
>
> ④動「帰り参る」の未然形。帰参する。「帰り行く」の謙譲語。
>
> ⑤助動「む」の連体形。可能［〜できる］
>
> 直訳▼　見申し上げないで、どうして帰参できようか（いや、帰参できない）

動詞に接続している「奉る」は必ず謙譲の補助動詞になるので、「奉る」の訳出をしていない選択肢**ウ**と、尊敬の訳になっている選択肢**オ**を除くことができます。残った選択肢はどれも主語が「私」となっていますが、発言の直前に「内侍」と主語が明記されているので、「私」＝「内侍」ということです。本文の2行目にあるように、内侍は帝の命令を受けてかぐや姫の顔を見に来ているので、**ア**「かぐや姫が帝にお会い申し上げ」も、**イ**「私が帝を見申し上げ」も間違いです。よって、正解は**エ**となります。確認のため選択肢を検討します。

ア かぐや姫が帝にお会い申し上げないというのでは、私は帝のところに帰れましょうか

イ 私が帝を見申し上げないでは、どうしてここに再び帰り参れましょうか

ウ かぐや姫が私の顔を見ないのであれば、どうして宮中から帰り参れましょうか

エ 私がかぐや姫のお顔を見申し上げないでは、どうして帝のところに帰り参れましょうか
→△矛盾はないが、やや気になる。

オ かぐや姫が帝と結婚なさらないというのでは、どうして私は帝のもとへ帰れましょうか

エの「帰り参れましょうか」の訳には、やや気になる点があります。「参れ」に可能の意味が含まれていることと、「ましょう」という丁寧語の訳になっていることです。

可能の意味については、推量（意志）の助動詞「む」が反語文で用いられると「可能」の意味になることがあります。ここは「いかでか」が反語の意味なので、「どうして〜できようか」の訳になるわけです。丁寧語の訳については、会話文や和歌を訳すとき、丁寧語がなくても丁寧な表現にすることがあります。そのほうが自然だからです。

主体や客体を補っていますが、ほぼ直訳に近いので「現代語訳」と言えます。

使者のこの発言には、何としてもかぐや姫の顔を見たいという必死な気持ちが表れています。

解答 **エ**

問五　適語の補充（呼応の副詞）

空欄に副詞を入れる設問では、「呼応の副詞（陳述の副詞）」を問うことがほとんどですが、副詞には、その他に程度を表すものや状態を表すものもあるので、選択肢をよく見て、何が問われているかを見極めてください。選択肢を見ると、すべて呼応の副詞です。空欄の後に打消の助動詞「ず」があるので、「ず」とともに用いられる副詞を選びます。

●呼応の副詞●

さらに〜ず　訳 まったく〜ない
つゆ〜ず　訳 少しも〜ない
え〜ず　訳 〜できない
よも〜じ　訳 まさか〜あるまい
な〜そ　訳 〜してくれるな

選択肢の中で、「ず」と呼応するのは、**ア**「さらに」、**ウ**「え」、**オ**「つゆ」の三つですが、「さらに」と「つゆ」はほぼ同じ意味なのでどちらか一つに絞ることはできません。よって、正解はウの「え」となります。「え責めず」で「催促できない」という意味です。媼は、自分の実の子ではないかぐや姫に対して、思うように強い態度に出られずにいるのです。

解答 ウ

問六 **適語の補充（敬語）**

まず、空欄Bの直前を訳します。

こ｜の｜内侍｜帰り参り｜て、｜こ｜の｜よし①｜を｜ B 。

①名【由】事情。

直訳▼ この内侍は帰参して、この事情を B 。

問四で見たように、内侍は帝の使者なので、帝のところへ帰ります。そして、当然帝にかぐや姫と会えなかったことを報告するはずです。空欄には「帝に申し上げる」の意味の語句が入るということです。よって、正解はウの「奏す」です。

●「言ふ」の敬語●

尊敬語→「おっしゃる」の意味
のたまふ
仰す（「命ず」の尊敬語の意もあり）
謙譲語→「申し上げる」の意味
申す
聞こゆ・聞こえさす
奏《そう》す　＊相手は帝・院に限られる。
啓《けい》す　＊相手は中宮・東宮に限られる。
（奏す・啓す＝絶対敬語）

「奏す」は「**帝・院に申し上げる**」という意味で、申し上げる相手は「**帝・院」に限られます**。このような敬語を**絶対敬語**と言います。特に「奏す」は帝か院が登場する場面でしか使われないので、読解を助けてくれます。敬語動詞は種類と意味をしっかり覚えておきましょう。

解答 ウ

現代語訳

さて、かぐや姫の**かたち**の〔主格〕、a**世に似ずめでたき**ことを、帝きこしめして、内侍中臣《なかとみ》

さて、かぐや姫の**容貌**が、**世間に類がなくすばらしい**ということを、帝がお聞きになって、内侍の中臣のふ

のふさこにのたまふ、「多くの人の身を**いたづらに**なして会はざ〔打消・体(撥無)〕①なる〔伝聞・体〕かぐや姫は、

さこにおっしゃるには、「たくさんの人の身を**むだに**して（それでも）結婚しないというかぐや姫は、

いかばかりの女ぞと、まかりて見て参れ」とのたまふ。ふさこ、うけたまはりてまか

どれほどの女なのか、出かけて見て来い」とおっしゃる。ふさこは、（ご命令を）お受けして退出し

れり。竹取の家に、かしこまりて請じ入れて、会へり。

た。竹取の家では、恐縮して（ふさこを）招き入れて、面会した。

嫗に内侍のたまふ、「仰せ言に、かぐや姫のかたち、**優に**おはすなり〔伝聞・終〕。よく見て参

嫗に内侍がおっしゃるには、「（帝の）ご命令として、『かぐや姫の容貌は、**優れて**いらっしゃるということだ。よく見て来るが

るべきよし、のたまはせつるになむ〔強意(↓)〕、参りつる〔完了・体(↑)〕」と言へば、「さらば、かく申し侍ら

よい』ということを、おっしゃいましたので、参上しました」と言うので、（嫗は）「それでは、そのように（か

む〔意志・終〕」と言ひて入りぬ〔完了・終〕。

ぐや姫に）申しましょう」と言って（奥へ）入った。

かぐや姫に、「はや、かの御使ひに対面し給へ」と言へば、かぐや姫「b**よきかたち**

（嫗は）かぐや姫に、「早く、あのご使者にお会いなさい」と言うと、かぐや姫は、「（私は）よい顔立ちで

重要語句

□かたち【形・容・貌】①外見。姿。②顔かたち。容貌。

□よににず【世に似ず】世に類がない。すばらしい。

□めでたし ①すばらしく心が惹《ひ》かれる。②喜ばしい。

□いたづらなり【徒らなり】①役に立たずむだだ。②むなしい。③ひまだ。

□いうなり【優なり】①とても立派で優れている。②優雅で上品だ。

□いかでか【如何でか】①どうして〜か。②どうして〜か、いや、〜ない。③なんとかして。

「②うたてものたまふ
（嫗は）「いとわしくおっしゃい

にも[断定・用]あらず。いかでか[反語(↓)]見ゆべき[可能・体(↑)]」と言へば、
もありません。どうして（ご使者に）対面できましょうか（いや、できません）」と言うので、

かな。帝の御使ひをば、いかでか[反語(↓)]おろかにせむ[可能・体(↑)]」と言へば、かぐや姫の[主格]答ふるやう、
ますねえ。帝のご使者を、どうして疎略にできましょうか（いや、できません）」と言うと、かぐや姫が答えるには、

「帝の[主格]召してのたまはむ[婉曲・体]こと、かしこしとも思はず」と言ひて、
「帝が（私を）お召しになって言葉をおかけになるようなこと〔＝妻として召すこと〕は、恐れ多いとも思いません」と言って、

さらに見ゆべくもあらず。生める[完了・体]子のやうにあれど、いと心恥づかし
決して（使者に）対面しようとはしない。（嫗にとってかぐや姫は）自分の生んだ子のようではあるが、（このときのかぐや姫は）

げに、おろそかなるやうに言ひけれ[過去・已]ば、心のままにもえ責
嫗のほうがたいそう気おくれするくらいに、そっけない様子で言ったので、（嫗は）思うようには催促でき

めず。
ない。

嫗、内侍のもとに帰り出でて、「口惜しく、この幼きものは、ᶜこはくはべるものに[断定・用]て、
嫗は、内侍のところに戻ってきて、「残念なことに、この幼い子は強情な者でございまして、対面しそうもありま

対面すまじき」と申す。内侍「必ず見奉りて参れ、と仰せ言ありつるものを、
せん」と申し上げる。内侍は「必ず（かぐや姫を）拝見して来い、と（帝の）ご命令があったのに、（私がかぐや姫の

③見奉らでは、いかでか[反語(↓)]帰り参らむ[可能・体(↑)]。国王の仰せ言
お顔を）見申し上げないでは、どうして（帝のところに）帰参できましょうか（いや、帰参できません）。国王のご命令を、ど

□みゆ【見ゆ】①見える。②会う。対面する。③見られる。見せる。④妻となる。

□うたて ①ますます。ひどく。②異様に。③いとわしく。情けなく。

□おろかなり【疎かなり】①疎略だ。②疎遠だ。

□かしこし【畏し】恐れ多い。尊い。【賢し】①都合がよい。うまい。②優れている。りこうだ。③はなはだしい。

□さらに〜ず【更に〜ず】まったく〜ない。決して〜ない。

□こころはづかしげなり【心恥づかしげなり】こちらが気おくれするような様子である。

□おろそかなり【疎かなり】いい加減だ。なおざりだ。

□え〜ず 〜できない。

□くちをし【口惜し】①残念だ。②身分がつまらない。③物足りない。

□こはし【強し】①強い。②強情だ。

婉曲・体　主格　強意・未　推量・終　反語

を、まさに世に住み給はむ人の、うけたまはり給はでありなむや。言は

うしてこの世に住んでいらっしゃるような人が、ご承諾なさらないでいられるものでしょう**か**（**いや**、いられ**ないものです**）。**道理に**

可能・未　打消・体　副　禁止　過去・已

れぬことなし給ひそ」と、言葉恥づかしく言ひければ、これを聞きて、

合わないことをなさっては**いけません**」と、（聞いた相手が）**気おくれするほど**（強い口調で）言ったので、これを聞いて、

完了・命

ましてかぐや姫、聞くべくもあらず。「国王の仰せ言を背かば、はや殺し給ひてよかし」

それまで以上にかぐや姫は、聞き入れるはずもない。「（私が）国王のご命令にそむいたならば、早く（私を）お殺しになって

と言ふ。この内侍帰り参りて、このよしを奏す。

くださいよ」と言う。この内侍は（宮中に）帰参して、この事情を帝に申し上げる。

［出典：『竹取物語』帝の求婚］

□まさに～や　どうして～か、いや、～ない。

□いはれぬ【言はれぬ】道理に合わない。無茶な。

□な～そ　～するな。～してはならない。

□はづかし【恥づかし】①気がひける。気おくれする。②（こちらが恥ずかしくなるほど）立派だ。

□そうす【奏す】「言ふ」の謙譲語（絶対敬語）。（帝・院に）申し上げる。

文法まとめ ④ 「敬語1」

4講で扱った敬語について、基本事項も含めて確認しましょう。

敬語の種類と敬意の方向

敬語は「尊敬語」「謙譲語」「丁寧語」の三種類に分類され、敬意の方向は次のとおりです。

誰から

書き手（もしくは話し手）から

誰への敬意か

尊敬語 → 行為の主体（主語）への敬意
謙譲語 → 行為の客体（対象）への敬意
丁寧語 → 読み手（もしくは聞き手）への敬意

敬語の本動詞と補助動詞

敬語には本動詞と補助動詞があります。

本動詞 … 敬意を含めた動詞。

例 酒たまふ。　訳 酒をお与えになる。

補助動詞 … 他の語に付いて、動詞本来の意味を失って、尊敬・謙譲・丁寧の意味を添える動詞。

例 聞きたまふ。　訳 お聞きになる。

＊補助動詞の主な訳し方は次のとおり。

尊敬語 →「〜なさる・（お）〜になる」
謙譲語 →「〜申し上げる・〜いたす」
丁寧語 →「〜ございます・〜です・〜ます」

＊主要な敬語の本動詞と補助動詞は p. 124に掲載しているので、しっかりと覚えましょう。

→ p. 65「文法まとめ⑤ 敬語2」に続く

源氏物語《げんじものがたり》

作品解説 ■ 平安時代中期の長編物語。紫式部《むらさきしきぶ》作。「桐壺《きりつぼ》」から「夢浮橋《ゆめのうきはし》」まで全五十四帖《じょう》。前半は光源氏《ひかるげんじ》を、後半は光源氏の子薫《かおる》大将を主人公として、さまざまな愛と苦悩を描く。「橋姫《はしひめ》」以降の十帖は、「宇治十帖《うじじゅうじょう》」と称される。後代の日本文学に大きな影響を与えた。

別冊（問題） p. 26

解答

問	解答	配点
問一	① エ　② イ　③ ア	2点×3
問二	A 光源氏　B 光源氏	2点×2
問三	X (1) 謙譲　(2) 尼君（乳母）　(3) 光源氏	1点×3
	Y (1) 尊敬　(2) 光源氏　(3) 尼君（乳母）	1点×3
問四	聞こゆ	3点
問五	a オ　b ウ　c ア　d イ　e ア	1点×5
問六	オ	6点

目標点 21／30点

問題文の概要

あらすじ ● 源氏が見舞いに訪れると、尼君（＝乳母《めのと》）は起き上がって、最後に源氏に会えたことを喜び、思い残すことはないと涙を流す。源氏は、自分の出世を見届けてほしいと涙ながらに訴える。尼君は申し分のない源氏を育てた自らをも大切にしたいと思う。

内容解説 ● 病の床にある尼君の、「死」を意識した状況における心理と、それを見舞う源氏の心情が描かれています。江戸時代の国学者本居宣長《もとおりのりなが》が『源氏物語』の本質と説いた「もののあはれ（心の中に自然とわき出る感情）」を感じられる場面です。

設問解説

問一 語句の意味

傍線部① ポイントは「忌む」と「しるし」の意味です。

①忌む ― こと ― の ― ②しるし

① 動【忌む】仏の戒めを受ける。
② 名【験】効き目。ご利益。

直訳 ▼ 受戒のご利益

「受戒」は、出家をするときに、仏の戒律を受けることなので、出家を表しています。よって、選択肢**エ**「**出家の功徳《くどく》**」が**正解**となります。「功徳」は「ご利益」の意味の仏教語です。尼君は出家したご利益で死の淵《ふち》からよみがえった、と言っているのです。もし「忌むこと」の意味がわからなくても、本文の「尼（出家した女性）」「阿弥陀仏《あみだほとけ》（極楽浄土の主の名前）」などの仏教用語から、判断することも可能でしょう。

実はここの「忌む」は「斎む」が正しい表記です。「忌む」は「不吉なことを避ける」の意味で、「穢《けが》れなどを避けるために身を清める」の意味の「斎む」と通じているためにこのような表記になっています。

傍線部② ポイントは「おこたる」の意味です。

①おこたり ― ②がたく

① 動【怠る】病気が回復する。
② 接尾【難し】～しにくい。形容詞「難し」に由来する。

直訳 ▼ 病気が回復しにくく

「おこたる」の意味を知っていれば答えを出すことができますが、念のため確認します。傍線部は源氏の会話文の中にあります。後で解説しますが、「ものせらるる」の「らるる」は尊敬の助動詞で、「おこたりがたくものせらるる」の主語は「乳母（尼）」です。リード文に「患っている乳母」とあることから、「乳母は病気が治りにくくいらっしゃる」のだと判断できます。よって**正解はイ「病が治りにくく」**です。

傍線部③ 「あさましう」は、形容詞「あさまし」の連用形「あさましく」のウ音便です。「あさまし」は「事の意外さにただ驚きあきれるばかりだ」という感じを表すので、**ア「あきれるほど」が正解**です。後で解説しますが、傍線部の直後の「まほに見なす」は、乳母というものは自分が育てた不出来な子のことを、「出来の良い子だと思い込む」の意味です。「親のひいき目」のような状態です。不出来な子を出来が良いと思い込むことは、「驚きあきれる」ことなので、文脈にも合っています。「あさまし」には、他に「外見がみすぼらしい・嘆かわしい・はなはだしい」の意味もありますが、本文では「子どものことを出来が良いと思い込む」ことを悪いことだと批判しているわけではないので、**イ**「見苦しいくらい」も、**エ**「なげかわしく」も、**オ**「いやしく」も不適です。**ウ**「はなはだしく」は程度の激しさを表し、文意に合わないわけではありませんが、「あさまし」の語感をもっともよく表現している「あきれるほど」のほうがよりよいということです。

ここで「音便」についても確認しておきましょう。

関連メモ　音便

音便とは、発音しやすいように、語中や語の末尾の音が変化することをいいます。音便には、次の四つの種類があります。

イ音便……変化して「イ」の音になるもの
(例)「書きて」→「書いて」
「うつくしき花」→「うつくしい花」

ウ音便……変化して「ウ」の音になるもの
(例)「思ひて」→「思うて」
「うつくしく」→「うつくしう」

撥音便《はつおんびん》……変化して「ン」の音になるもの
(例)「住みて」→「住んで」
「うつくしかるなり」→「うつくしかんなり」

促音便《そくおんびん》……変化して「ッ」の音になるもの
(例)「立ちて」→「立って」

解答　①**エ**　②**イ**　③**ア**

問二　主体の把握

読解ルール　主語の判定は敬語に着目せよ！

尼君も源氏もそれぞれ会話文の中では主語が書かれていません。「私」と「あなた」の主語は書く必要がないからです。その代わりに敬語が用いられています。尼君も源氏もそれぞれ**相手の行為に尊敬語を使っています。**わかりやすいところを見ると、3行目「かく渡りおはします」は「あなた(=源氏)がこうして来ていらっしゃる」の意味で、尼君は源氏の行為に尊敬語を用いて、源氏に敬意を表しています。源氏も、5行目の「かく世を離るるさまにものし給《たま》へば」は「あなた(=尼君)がこのように世を捨てた尼姿でいらっしゃるので」の意味で、尼君に敬意を表しています。一方、**尼君は自分の行為には謙譲語の「給ふ」や丁寧語の「侍り」を用い**、源氏は自分の行為に敬語(謙譲語)は用いていません。ここを押さえれば、主体の判定は簡単です。

波線部A

①安から｜②ず｜嘆き｜③わたり｜④つる

①形「安し」の未然形。安心である。
②助動「ず」の連用形。打消［～ない］
③動【渡る】「～わたる」で「ずっと～する」の意味。
④助動「つ」の連体形。完了［～た］

直訳▼安心でなくずっと嘆いていた

7行目に「のたまふ」（「言ふ」の尊敬）があるので、波線部は源氏の会話文の中にあるとわかります。「嘆きわたり」には敬語がないことから、主語は「私（＝会話主である源氏）」だと判断できますが、念のため文脈を確認します。

まず、直前の「日ごろ、おこたりがたくものせらるるを」を訳してみましょう。

①日ごろ、｜おこたり｜がたく｜②ものせ｜③らるる｜を

①名 このところ。
②動【物す】ある。いる。
③助動「らる」の連体形。尊敬［お～になる］

直訳▼このところ、病が治りにくくいらっしゃるのを

問一で見たように、「病が治りにくい」の主語は「尼君（乳母）」です。源氏は自分の会話の中で尼君に敬意を表しているので、「らるる」は尊敬の意味だと判断できます。尼君は源氏が話しかけている相手なので「あなた」ということです。

「あなたの病気が回復しにくい」のを「不安で嘆く」のは「私（＝源氏）」で間違いありません。自分を育ててくれた大切な乳母の病を源氏は嘆いています。**正解は「光源氏」**です。時代や社会の仕組みが変わっても、人の心は変わらないからこそ、物語は読み継がれてきたのだということがよくわかります。

波線部B 「なほ位高く」の前後も含めて訳します。

命｜長く｜て、｜①なほ｜位｜高く｜など｜も｜②見なし｜③給へ

①副 もっと。
②動「見なす」見届ける。
③補動「給ふ」の命令形。尊敬［お～なさる］

直訳▼長生きして、もっと位が高くなどもお見届けなさい

S_1＝あなた（尼君）
V_1 命長くて、
O なほ位高くなども見なし給へ V_1'
S_2＝私（光源氏） V_2 位高く

5

尊敬語「給ふ」が使われています。この文全体の主語は「あなた（＝尼君）」なので、「命長くて」の主語も「あなた（＝尼君）」になります。接続助詞の「て」があるので、「位高く」も「尼君」が主語であるように思ってしまいがちですが、「命長くて」は「見なし給へ」にかかっていきます。「長生きして、見届けてください」という意味です。接続助詞が下のどこにかかっていくかを考えることがとても重要です。

では「何を」見届けるのか、それが、「なほ位高く」です。「なほ位高く」は尊敬語が使われていないので、主語は「私」つまり源氏です。源氏はこの時点で、ある程度は高い位にあるので、**「私（＝源氏）の位がもっと高くなるのをあなた（＝尼君）が長生きして見届けてください」**と言っているのです。よって、正解は「光源氏」です。ここには源氏の尼君への気持ちがよく表れています。病気を患って、もう死んでもいいと言う乳母に、「そんなことを言わないで、長生きしてください、私の出世を見届けてください」と訴えています。

解答 **A 光源氏　B 光源氏**

問三　文法（敬語）／主体・客体の把握

ポイントは二種類の「給ふ」です。p.65「文法まとめ⑤」も参照してください。

●補助動詞「給ふ」の二つの用法●

1　四段活用の「給ふ」

語幹	未然形	連用形	終止形	連体形	已然形	命令形
給	は	ひ	ふ	ふ	へ	へ

＊**尊敬語**…行為の主体への敬意を表す。

2　下二段活用の「給ふ」

語幹	未然形	連用形	終止形	連体形	已然形	命令形
給	へ	へ	（ふ）	ふる	ふれ	○

＊**謙譲語**…会話の聞き手や手紙の読み手への敬意を表す。
＊「思ふ」「見る」など知覚動詞にのみ接続する。
＊一人称（私）が主語となる。

傍線部X　「給へ」は、下に連用形接続の助動詞「つる」（「つ」の連体形）があるので、下二段活用の「給ふ」の連用形とわかります。よって、謙譲語となります。謙譲語は、「行為の客体」に対する敬意を表しますが、下二段活用の「給ふ」は丁寧語と似た働きをし、**話し手から聞き手**、**書き手から読み手への**敬意を表します。したがって、ここでは尼君の話を聞いている「**光源氏**」への敬意となります。

傍線部Y 「給へ」は、係り結びもなく、「給へ」で文を止めているので、四段活用の「給ふ」の命令形で、**尊敬の補助動詞**です。よって、「見なし」の主体（主語）である、「**尼君**」への敬意となります。

身分の高い源氏が、自分より身分の低い尼君に敬意を表すのはおかしいと思うかもしれませんが、目上の者が目下の者に対して敬意を表すこともあります。源氏にとって尼君は自分を育ててくれた乳母であり、親のような存在であるため、敬意を表しているのです。

解答 **X** (1) **謙譲** (2) **尼君（乳母）** (3) **光源氏**
Y (1) **尊敬** (2) **光源氏** (3) **尼君（乳母）**

問四 文法（敬語）

敬語の知識の活用問題です。次のように考えます。

> 「のたまふ」＝「言ふ」の尊敬語
> (1)「のたまふ」と同意 →「言う」の意味
> (2)「のたまふ」と敬意の方向が異なる →謙譲語

尊敬語は**主体**への敬意を表し、謙譲語は**客体**への敬意を表します。「**敬意の向けられる方向が異なる**」は言い換えれば、「**敬語の種類が異なる**」ということです。よって、「**言ふ**」の**謙譲語**を本文から探せばよいということです。

「言ふ」の謙譲語は「申す」「聞こゆ」「聞こえさす」などです。よって、4行目の尼君が源氏に話している会話が終わったところの「**聞こえ**」**が該当**し、**正解は**「**聞こゆ**」です。「終止形で答えなさい」という設問の指示に注意して答えましょう。

このような語句の抜き出し問題は、本文を読み始める前に設問を確認しておくと、問題を解く時間を節約できます。そうしないと、該当する語を探すためにもう一度本文を読み直すことになります。また、「言う」の意味の語を探すわけですから、会話文を示す「　」の後に注目するのも重要です。

解答 **聞こゆ**

問五 文法（「なむ」の識別）

識別問題では、どういう可能性があるのかをまず思い浮かべることが大切です（p.96「文法まとめ⑧」も参照）。

> **●「なむ（なん）」の識別●**
> **1 未然形＋「なむ」**→**願望の終助詞［～してほしい］**
> **2 連用形＋「な」＋「む」**→**完了（強意）の助動詞＋推量の助動詞**
> **3 名詞など＋「なむ」**→**強意の係助詞**

＊文末は連体形になる。
＊「なむ」がなくても文意が通じる。

4 ナ変動詞の未然形活用語尾「―な」＋推量の助動詞「む」

例 死なむ 訳 死ぬだろう

右の情報を念頭に置きながら、二重傍線部a～eの「なむ」を識別しましょう。

a 変はりはべりなむことを、
b よみがへりてなむ、……見給へはべりぬれば、
c 今なむ……待たれはべるべき。
d 口惜しうなむ。
e わろきわざとなむ聞く。

aは、直前の「はべり」がラ変動詞の連用形なので、完了（強意）の助動詞「ぬ」の未然形と推量の助動詞「む」の連体形になります。

bは、接続助詞の「て」の下にあるので、係助詞です。結びの語は「ぬれ」ですが、接続助詞「ば」が後に続いて已然《いぜん》形に活用しているので、結びは消滅しています（結びの流れ）。

cは、名詞「今」の下にあるので、係助詞です。文末の「べき」（連体形）が結びの語です。

dは、形容詞「口惜し」の連用形「口惜しく」のウ音便に接続しています。上の識別ルールでは2に当てはまりそうですが、形容詞の連用形の下にある「なむ」は、形容詞の語形で識別します。

●形容詞の連用形の下の「なむ（なん）」の識別●

1 ―く ＋「なむ」→強意の係助詞
例 口惜しくなむ 訳 残念で

2 ―かり ＋「な」＋「む」
→完了（強意）の助動詞＋推量の助動詞
例 口惜しかりなむ 訳 きっと残念だろう

dの「なむ」は強意を表す係助詞とわかります。取り除いても文意が変わらないという点も識別の手がかりになります。結びの語は省略されています。この場合は「はべる」（連体形）などが省略されています。

eは、引用の格助詞「と」の下にあるので、係助詞です。「聞く」（連体形）が結びの語です。

解答 aオ bウ cア dイ eア

問六　心情の説明 難

心情説明は、基本的には傍線部や該当箇所を現代語訳して、まとめます。人物関係と状況が把握できれば、人物の心を読み取ることはそんなに難しいことではありません。逆に心情は想像しやすいために、勝手な解釈をしないことが大事です。あくまでも本文の記述に沿っていなければなりません。**妄想禁止**です。

この設問は、傍線部を訳させるのではなく、該当箇所を探させて、それをさらに訳させるという問題です。

心情が述べられているところは、会話文だけではありません。地の文に心情の説明がある可能性もあるので、注意して探す必要があります。本文でも、1行目の尼君の発言と第三段落の地の文に心情説明があります。

まずは、人物関係と状況を確認します。

「乳母」とは「母親代わりに子どもに乳を飲ませて養育する女性」のことで、尼君は源氏を育てた人物という関係です。リード文にもあるように、年老いて患っている尼君を源氏が見舞ったという状況です。

以上を踏まえて、第一段落の尼君の最初の発言をまとめます。

心残りはないが、出家すると源氏に会えなくなるから、出家をためらっていた。

↓

出家の功徳で源氏に会えたので、思い残すことはない。

「死」を意識した尼君の気持ちが、源氏に会えたことで変化したことを読み取ることができます。

「今なむ阿弥陀仏の御光《ひかり》も心清く待たれはべるべき」は、「極楽浄土の主である阿弥陀仏に迎えに来てもらうことも自然と待たれます」という意味で、**源氏に会えたのでいつ死んでもよいという心境になった**ということです。

次に、第三段落から心情を読み取ります。

8行目「かたほなるをだに……見なすものを」を訳します。

①かたほなる｜を｜②だに、｜乳母｜やう｜の｜思ふ｜べき｜人｜は、｜③あさましう｜④まほに｜見なす｜ものを

①②①形動【片秀なり】不十分だ。未熟だ。不完全なさまを表す。

②副助　類推［～でさえ］

「Aだに～、ましてB」の形をとり、「Aでさえ～、ましてBは言うまでもない」の意味。Aは軽いもの、Bは重いもの。

③形「あさまし」の連用形「あさましく」のウ音便。驚きあきれるほどだ。

④形動【真秀なり】十分だ。完全だ。完全なさまを表す。

直訳▼不十分な子でさえ、乳母のような愛するはずの人は、あきれるほど完全な子と見なすものだが

これは、乳母というものは、自分の育てた子が不出来でも、よい子であると思い込んでしまうものだという、「乳母一般」の心情を述べています。

そして、続く「まして」以下で、「源氏を育てた尼君」の心情を述べています。

まして―いと―①面立《おもだ》たしう、―②なづさひ―③仕《つか》うまつり―④けむ―身―も、―⑤いたはしう

①形「面立たし」の連用形「面立たしく」のウ音便。名誉だ。晴れがましい。
②動「なづさふ」なれ親しむ。
③動「仕うまつる」お仕え申し上げる。「仕ふ」の謙譲語。
④助動「けむ」の連体形。過去の婉曲《えんきょく》［～たような］
⑤形「労し」の連用形「労はしく」のウ音便。大切にしたい。

直訳▼ましてとても名誉に、なれ親しみお仕え申し上げたような身も、大切にしたく

「まして」の下に省略されているのは、「かたほなる」と対比される「源氏」です。不出来な子でさえよく思える、まして源氏ならばなおさらだ、ということです。**源氏という申し分のない人物を育てた乳母としての晴れがましさを感じるとともに、そんな自分のことも大切に思われる、**というのが尼君の心情です。

これを選択肢と照らし合わせます。

ア　乳母というものは、不出来な子もかわいいものだから、どうしても源氏を身びいきしてしまうものだ。
↓源氏は「不出来な子」ではない。「身びいきする必要もないほどの立派な源氏に仕えた」ということ。

イ　我が身は少しも惜しくないが、源氏の将来だけは心配でたまらない。
↓尼君の発言にも、第三段落にもそのような記述はない。

ウ　病気のおかげで源氏に会うことができ、病気の我が身がいたわしくもありがたい。
↓「出家の功徳でよみがえって源氏に会えた」のである。

エ　名誉なこととお仕え申し上げた我が身も、今は病気で寂しく、源氏のお見舞いは実にうれしい。
↓「いたはしう」は「大切にしたい」の意味。

オ　こんな立派なお方になれ親しんでお仕え申し上げた我が身までが、我ながら大切でもったいない。
↓矛盾するところがない。

よって、**オが正解**です。

この設問のポイントは、「だに」の用法と「いたはし」の意味でした。難問ですが、副助詞「だに」によって類推される「立派な源氏」と、形容詞「いたはし」の意味がわかれば、解けない問題ではありません。文法と単語をしっかり学んでください。

解答 オ

現代語訳

尼君も起き上がりて、「惜しげなき身なれど、捨てがたく思ひ給へ(X)つることは、ただかく御前にさぶらひ御覧ぜらるることの変はりはべりなむ(a)ことを、

尼君も起き上がって、「心残りもないこの身ではありますが、出家しづらく存じましたことは、ただこのように御前に参上し御覧いただく〔=お目にかかる〕ことが（出家したら）変わって（できなくなって）しまいますような

口惜しう思ひ給へたゆたひしかど、①**忌むことのしるし**に、よみがへりてなむ(b)、

ことを、**残念に**存じまして（出家を）ためらいましたけれど、**受戒し**たことの**功徳**で、生き返って、

かく渡りおはしますを見給へはべりぬれば、今なむ(c)阿弥陀仏の御光も心清く待たれはべるべき」など聞こえて、弱げに泣く。

このように（私を見舞いに）来ていらっしゃる（源氏の君の）お姿を拝見いたしましたので、今はもう阿弥陀仏の（お迎えの）お光も邪念なく待つことができそうでございます」などと申し上げて、弱々しい様子で泣く。

「日ごろ、②**おこたり**がたく**ものせ**らるるを、A**安からず**嘆きわたりつるに、かく**世**

（源氏の君は）「このところ、**病が治り**にくい容態で**いらっ**しゃるのを、**気が気でなく**悲嘆し続けておりましたが、このよう

重要語句

□ くちをし【口惜し】①残念だ。②身分がつまらない。③物足りない。

□ いむ【斎む・忌む】①身を清める。②受戒する。③不吉として避ける。

□ しるし【験・徴】①効果。ご利益。②前兆。

□ おこたる【怠る】①病気が治る。②なまける。油断する。

□ ものす【物す】①〜をする。②いる。③〜である。

□ やすからず【安からず】不安だ。心が落ち着かない。

□ よをはなる【世を離る】隠遁《いんとん》する。出家する。

を離るるさまにものし給へば、いとあはれに口惜しうなむ。命長くて、なほ位高く

に**出家し**た姿でいらっしゃるので、本当に悲しく残念です。長生きをして、（私が）もっと位が

なども見なし給へ。さてこそ九品の上にも障りなく生まれ給はめ。こ

高くなるところなども見届けてください。そうしてから極楽浄土の最高位にも**差し支え**なく生まれ変わりなさいませんか。こ

の世にすこし恨み残るは、わろきわざとなむ聞く」など涙ぐみてのたまふ。

の世に少しでも未練が残るのは、**よくない**ことと聞きます」などと涙ぐんでおっしゃる。

かたほなるをだに、乳母やうの思ふべき人は、あさましうまほに見なすもの

出来の悪い子でさえ、乳母といったような（その子を）かわいがるはずの人は、**あきれるほど出来の良い**子と思い込むもの

を、ましていと面立たしう、なづさひ仕うまつりけむ身も、

なのに、まして（こんな立派な源氏の君を育てたことは）たいそう晴れがましく、**親しく**おそばにお仕え申し上げた自分の身

いたはしう、かたじけなく思ほゆべかめれば、すずろに涙がちなり。

までも、**大切で**、**もったいないもの**と思われるにちがいないようなので、**むやみに**よく涙を流している。

［出典：『源氏物語』夕顔］

□さはり【障り】差し支え。妨げ。

□わろし【悪し】①よくない。②下手だ。

□かたほなり【片秀なり】未熟で不完全だ。

□あさまし ①驚きあきれる。②情けない。③ひどい。見苦しい。

□まほなり【真秀なり】①完全で十分だ。②直接だ。③正式だ。

□なづさふ ①水に浸る。②なれ親しむ。

□いたはし【労し】①気の毒に思うほど苦しい。②大切にしたい。

□かたじけなし【忝し・辱し】①もったいない。恐れ多い。②ありがたい。③恥ずかしい。

□すずろなり【漫ろなり】①なんとなく～だ。②思いがけない。③むやみだ。

文法まとめ ⑤
「敬語２」

「文法まとめ④」に続いて、敬語のポイントをまとめます。

補助動詞「給ふ」の二つの用法

補助動詞の「給ふ」は活用の種類によって尊敬語か謙譲語か分かれるので、活用をしっかり覚えましょう。

1　四段活用の「給ふ」（尊敬語）

基本形	語幹	未然形	連用形	終止形	連体形	已然形	命令形
給ふ	給	は	ひ	ふ	ふ	へ	へ

＊訳（お）～になる・～なさる

2　下二段活用の「給ふ」（謙譲語）

基本形	語幹	未然形	連用形	終止形	連体形	已然形	命令形
給ふ	給	へ	へ	（ふ）	ふる	ふれ	○

＊訳 ～ております・～ます

＊「思ふ」「見る」「知る」「聞く」など知覚動詞にのみ接続する。

＊一人称（私）が主語となる。

＊会話文と手紙文でのみ用いられる。

＊話し手（書き手）から聞き手（読み手）への敬意を表す。

絶対敬語

「絶対敬語」とは、帝《みかど》・中宮・皇太子など敬意の対象が決まっている敬語のことです。

奏《そう》す・・・帝・院に申し上げる

啓《けい》す・・・中宮・東宮に申し上げる

最高敬語

尊敬語を重ねて用いることで、身分の高い人への敬意を表します。

例 教えさせ給ふ。

訳 教えなさる。（訳し方は通常の尊敬と変わらない）

自尊敬語（自敬表現）

帝など位の高い人物が、自分の行為に尊敬語を用いたり、相手の行為に謙譲語を用いたりすることで、自身への敬意を表すことがあります。

＊主要な敬語動詞はp.124に掲載しているので、しっかりと覚えましょう。

更級日記《さらしなにっき》

作品解説 ■ 平安時代後期の女流日記。筆者は菅原孝標《すがわらのたかすえの》女《むすめ》。物語に憧れた少女時代から夫と死別した晩年までの約四十年間を回想して記したもの。中流貴族女性の人生の記録。父菅原孝標は菅原道真《すがわらのみちざね》の五世孫で、伯母は『蜻蛉日記《かげろうにっき》』の筆者である藤原道綱母《ふじわらのみちつなのはは》。

別冊（問題） p. 32

解答

問題	解答	配点
問一	1 ウ　2 ア　3 オ　4 エ　5 イ	2点×5
問二	給ひ	2点
問三	イ	2点
問四	ウ	2点
問五	わづらふ	2点
問六	めざめて	2点
問七	おのれ〜きこと	完答4点
問八	おとと／中の君（順不同）	3点×2

目標点 21／30点

問題文の概要

あらすじ ● 亡くなった侍従の大納言の姫君の筆跡を見て悲しみに浸っていた夏の夜、どこかから猫がやって来て、筆者の姉の提案でその猫を飼うことになり、姉妹にかわいがられていた。そのうち、病気を患った姉の夢にこの猫が現れ、「自分は亡くなった侍従の大納言の姫君の生まれ変わりだ」と語ったという。それを聞いた筆者は、しみじみと心を打たれた。

内容解説 ● 「私」の周りで起きた出来事が記されていますが、その不思議な内容や「あはれなり」という言葉がたくさん用いられていることから、物語のような印象を受けます。『源氏物《げんじもの》語《がたり》』を愛読していた筆者らしい内容です。

設問解説

問一 適語の補充（副詞など）

空欄前後の内容に即した言葉を入れます。まずは、選択肢を見て、空欄に入れる語がどういう語であるか確認し、さらに意味も確認します。

ア いづら　代名 どこ。場所などを問う。
イ ただしばし　（連語）ほんのちょっとの間。時間を表す。（副「ただ」＋副「しばし」）
ウ あなかま　（連語）しっ静かに。（感「あな」＋形「かまし」の語幹）
エ いささか　副 少し。程度を表す。
オ など　副 どうして。原因や理由を問う。

空欄には副詞などを補うのだと確認できたので、それがどこにかかっていくか（何を修飾するか）を考えながら、順に見ていきましょう。

空欄1 直後の「人に聞かすな」を訳してみます。

[1]。人｜に｜聞か｜す①｜な②

① 助動 使役［〜させる］
② 終助 禁止［〜な］

直訳▼ [1]。人に聞かせるな

ここは、猫を見つけた姉が筆者に対してその猫を飼うことを提案する場面です。第二段落の冒頭に「尋ぬる人やある（探している人がいるかもしれない）」とあるように、誰かの飼い猫の可能性があるので、こっそり飼いたくて、「人に聞かせるな」と言ったわけです。この禁止の内容にかかるのは、ウの「あなかま」だけです。

空欄2 これも、直後の「こち率《ゐ》て来《こ》」までを訳します。

[2]、｜猫｜は。｜こち①｜率②｜て｜来③

① 代名【此方】こちら。
② 動「率る」の連用形。引き連れる。
③ 動「来《く》」の命令形。来る。

直訳▼ [2]、猫は。こちらへ連れて来なさい

病気で寝ていた姉が目覚めて発した言葉です。これより前に、猫が北面《きたおもて》（北側の部屋）に閉じ込められていたことが書かれているので、近くにいない猫を探しているのです。よって、空欄

には居場所を問う言葉であるア「いづら」が入ります。

空欄3 直後に「と問へば」があります。これは、姉の「猫を連れて来て」という言葉を受けた筆者の言葉です。

読解ルール **「と」は同じことの言い換えを表す！**

引用の格助詞「と」は言い換えを表すので、「 3 」＝「問へ」となり、空欄には**問いかけの言葉が入る**と判断できます。疑問を表すものはアとオですが、アは空欄2に使ったので、ここはオ「など」になります。筆者は姉に「どうして（猫を連れて来てほしいの）」と尋ねたのです。

空欄4 空欄の前後を含めて訳します。

> ①さるべき ― ②縁 ― の ― 4 ― あり ― て
> ① 連体 そうなるのが当然な。適当な。
> ② 名 宿縁。
> 直訳▼ そうなるのが当然な縁が 4 あって

4は下の「あり」にかかります。「縁がある」ということを修飾するのは、程度を表す語なので、エ「いささか」が入ります。

空欄5 5は下の「ある」にかかります。「ここにいる」ということを修飾するのは、時間の長さを表す語なので、イ「ただしばし」が入ります。

空欄4と5は、**問七**で解説するように、猫の発言の中にあります。猫は自分は何者でどうしてここにやって来たのかを説明しますが、その文脈がわからなくても前後のつながりで答えを出すことはできます。

解答 1ウ 2ア 3オ 4エ 5イ

問二 適語の補充（敬語）

「補助動詞」とは、**本来の意味を失い、助動詞のように意味を添える働きをする動詞**のことです。例えば、「給《たま》ふ」は「与ふ」の尊敬語ですが、「泣き給ふ」のように補助動詞として用いる場合は、「与える」という意味を失って「～なさる」という尊敬の意味を添える働きをします。

本文から補助動詞を探すと、11行目に「この中の君のすずろにあはれと思ひ出《い》で給へば」とあるのを見てください。ここに、四段活用の尊敬の補助動詞「給ふ」があります。13行目の「語り給ふ」にも同じ補助動詞があります。他に補助動詞はないので、入るのは「給ふ」です。

設問には、「ここでの活用形で」と指示があるので、空欄の直後を見ます。「し」は過去の助動詞「き」の連体形です。「き」は連用形に接続する助動詞なので、「給ふ」の連用形「給ひ」が正解です。

1行目の「亡くなり給ひ」は地の文にあるので、「筆者」から「侍従の大納言の御女《みむすめ》」への敬意、11行目の「思ひ出で給へ」は、姉の発言の中にある猫（侍従大納言の御女）の発言の中にあるので、「猫」から「中の君（筆者）」への敬意、13行目の「語り給ふ」は地の文なので、「筆者」から「姉」への敬意をそれぞれ表します（問七参照）。

解答 給ひ

問三 **語句の意味**

「手」はここでは「筆跡」の意味です。「手」が人体の手そのものだけでなく、「手立て、世話、人手、手下、手傷」などの意味を表すのは現代語とも共通しますが、古文では「筆跡・文字」「曲」などの意味に注意が必要です。

解答 イ

問四 **文法（「らむ」の識別）**

●「らむ（らん）」の識別●

1 現在推量の助動詞「らむ」
u音＋「らむ」
例 子泣く**らむ** 訳 子どもが今頃泣いているだろう

2 完了の助動詞「り」の未然形＋推量の助動詞「む」
e音＋「ら」＋「む」
例 あはれ知れ**らむ**人 訳 情趣を解しているであろう人

3 単語の一部＋推量の助動詞「む」
例 同じ心な**らむ**人 訳 同じ心であるような人
＊この例では、断定の助動詞「なり」の未然形「なら」に推量の助動詞「む」が接続している。

傍線部②の「らむ」は「つ（u音）」に接続しているので、**現在推量の助動詞「らむ」**です。「らむ」は終止形に接続するので、**「つ」は完了の助動詞**です。完了の助動詞「つ」は連用形に接続するので、**「来」は連用形**で、「き」と読みます。ここまでで選択肢は**ア**と**ウ**に絞られますが、「らむ」の活用形が**ア**は終止形、**ウ**は連体形となっています。傍線部の下に名詞「方《かた》」があるので、**「らむ」は連体形**です。よって正解はウとなります。

解答 ウ

問五 **語句の意味（同義語）**

傍線部③**「悩む」**は**「病気になる」という意味の重要古語**です。現代語とは意味が異なる点に注意すべき語です。

本文中から同じ意味を表す語を探します。

病気なのは「姉」なので、「姉」が登場するところを探します。本文9行目に「わづらふ姉」とあり、この**「わづらふ」が「病気になる」の意味**です。「他の語で書き換えなさい」という指示なので、活用形にも注意が必要ですが、本文中では「悩む」も「わづらふ」も、下の名詞にかかる連体形なので、そのまま抜き出せば答えになります。

解答 わづらふ

問六　現代語訳

驚き①　て②
① 動「驚く」の連用形。はっと気づく。目覚める。
② 接助 状態［〜て］

傍線部④の主語は直前にある「姉」です。空欄3の後の姉の発言に「夢」とあるので、姉は眠っていたと判断できます。よって、「驚く」は「目覚める」の意味です。「四字のひらがなで」と指示があるので、「めざめて」が正解となります。

解答 めざめて

問七　会話文・引用文の把握

読解ルール 会話文や引用文は、引用の「と」に着目せよ！

設問が「猫が語った部分」となっていないことがヒントです。「語ったとされる」ということは、猫の会話が直接書かれているのではなく、間接的に引用されているということです。

10行目の姉の会話を見てください。「夢にこの猫のかたはらに来て」とあります。姉の夢の中に猫が現れたということです。それに続く「おのれは侍従の大納言の御女のかくなりたるなり」を訳してみると、「自分は侍従の大納言の姫君がこのようになったのだ」となり、「おのれ」は猫を指すと判断できます。猫が自分の素性を説明しています。よって、「おのれは」から、猫の会話が始まると考えられます。

では、どこで会話が終わるのか。12行目「と言ひて」の「と」が引用を表す格助詞です。よって、「と」の直前「わびしきこと」までが猫の会話となります。接続助詞「て」でつながっている「かたはらに来て、……と言ひていみじう泣く」は、いずれも「この猫」の行為を表しています。

解答 おのれ〜きこと

問八　主体・人物の把握

日記では「私」という筆者自身を表す主語はほとんど書かれ

ないので、一人称以外の呼称や、誰か第三者の発言の中で、筆者を指している語句がないか探します。

まず、4行目の「姉なる人」に注目します。「姉」は、「誰の」が省略されているということは、当然筆者の「姉」です。これがわかれば、7行目「姉おとと」が見つかるはずです。「おとと」はもともと「兄に対してその弟」、「姉に対してその妹」の意味です。よって、一つは**「おとと」が正解**です。

次は、**問七**で見た、猫が語った部分を見てください。11行目の「中の君」は「姉妹のうち、二番目の姫君」を指す言葉です。筆者には姉がいるので、「中の君」が筆者を指していると予想できますが、この「中の君」を含む文を訳して確認します。

「この中の君のすずろにあはれと思ひ出で《い》給へば」は、「この（家の）中の君がしきりにしみじみと悲しんで思い出しなさるので」の意味ですが、「すずろにあはれ」という表現は、本文2行目にもあって、筆者が侍従の大納言の娘の筆跡を見てしみじみと感じていたという内容と一致します。よって、「中の君」が筆者を指しているのは間違いありません。もう一つは**「中の君」が正解**です。

ちなみに、「大君《おほいぎみ》」は長女、「中の君」は次女、「三の君」は三女を表します。

解答 **おとと・中の君**

現代語訳

花の〔主格〕咲き散る折ごとに、乳母亡くなりし〔過去・体〕折ぞ〔強意〕かしとのみ**あはれなる**に、同じ折亡くなり給ひ〔補動・尊敬〕し〔過去・体〕侍従の大納言の御女の①**手**を見つつ、**すずろに**あはれなるに、五月

（毎年）桜が咲いて散る折ごとに、乳母が亡くなった季節だなあと（思い出す）ばかりで**しみじみと寂しく感じる**が、同じ頃にお亡くなりになった侍従の大納言の姫君の**筆跡**を見ながら、**むやみに**悲しくなっていると、五月頃、

重要語句

□あはれなり ①しみじみと心を動かされる。②しみじみと美しい。しみじみと趣深い。③かわいい。いとしい。④かわいそうだ。胸がいたむ。

□て【手】①文字。筆跡。②手段。方

完了・終　現在推量・体　打消・体　主格

ばかり、夜ふくるまで物語を読みて起きゐたれば、②来つらむ方も見えぬに、猫のいと

夜が更けるまで物語を読んで起きていると、　来たであろう方角もわからないが、　猫がとてもの

形・なごし・用（ウ音）

なごう鳴いたるを、驚きて見れば、いみじうをかしげなる猫あり。いづくより来つる

どやかに鳴いたので、　**はっとして**見ると、　**たいへんかわいらしい**猫がいる。　どこから来た猫だろうと

断定・体　禁止　断定・終

猫ぞと見るに、姉なる人、「あなかま。人に聞かすな。いとをかしげなる猫なり。

見ていると、　姉である人が、「しっ、静かに。人に知らせてはなりません。とてもかわいらしい猫だこと。（私たち

意志・終

飼はむ」とあるに、　いみじう人なれつつ、かたはらにうち臥したり。

で）飼いましょう」と言うので（飼い始めてみると）、（猫は）たいそう人になれて、　そばでそっと寝ている。

疑問（↓）　ラ変動・体（↑）

尋ぬる人や　あると、　これを隠して飼ふに、すべて下衆のあたりにも寄ら

探している人がいるのではないかと（思い）、　この猫を隠して飼っていると、　まったく使用人たちのところへは近寄らず、

ず、つと前にのみありて、物もきたなげなるはほかざまに顔を向けて食はず。姉おと

じっと（私たちの）そばにばかりいて、食べ物も汚らしいようなものはよそに顔を向けて食べない。　（私たち）

主格

との中につとまとはれて、をかしがりらうたがるほどに、姉の③悩むことあるに、も

姉妹の間にぴったりとまとわりついて、　**おもしろがりかわいがる**うちに、　姉が**病気になる**ということがあり、（そ

使役・用　打消・已

の騒がしくて、　この猫を北面にのみあらせて呼ばねば、　かしがま

の看病や祈禱《きとう》のために）なんとなく騒がしくて、　この猫を邸《やしき》の北側の部屋にばかりいさせて呼ばないでいると、　**やかましく**

断定・用　強意（↓省）

しく鳴きののしれども、なほさるにてこそはと思ひてあるに、　わづ

鳴き騒ぐけれども、　やはり何か理由がある（から鳴く）のだろうと思って（そのままにして）いると、　病気の

法。③曲。

□すずろなり【漫ろなり】①なんとなく〜だ。②思いがけないさま。③むやみだ。

□おどろく【驚く】①目を覚ます。②はっと気がつく。

□いみじ　①すばらしい。②ひどい。恐ろしい。③並々ではなくたいそうなことだ。

□をかしげなり　かわいらしく趣がある。

□おとと【弟・妹】弟。妹。

□をかしがる　興をもよおす。おもしろがる。

□らうたがる　かわいがる。

□なやむ【悩む】病気になる。

□かしがまし　やかましい。うるさい。

□ののしる【罵る】①大声を出してやかましくする。②評判になる。③勢いが盛んである。

らふ姉④驚きて、「いづら、猫は。こち率て来」とあるを、「など」と問へば、

姉が目覚めて、「どこなの、猫は。こちらに連れて来なさい」と言うので、「どうして」と尋ねると、

「夢にこの猫のかたはらに来て、**おのれ**は侍従の大納言の御女のかくなりたるなり。

「夢であの猫がそばにやって来て、『**私**は侍従の大納言の姫君がこのよう（な姿）になっているのです。

さるべき縁のいささかありて、この中の君のすずろにあはれと思ひ出で給へば、

そうなるはずの前世からの縁が少しあって、この（家の）中の君（＝筆者）がしきりにしみじみと悲しんで思い出しなさ

ただしばしここにあるを、このごろ下衆の中にありていみじう**わびしき**こ

るので、ほんのしばらく（と思って）ここにいるのですが、最近は使用人のところにいてとても**寂しい**こと（です）』と言って

とと言ひていみじう泣くさまは、**あてに**をかしげなる人と見えてうち驚きたれば、こ

ひどく泣く様子は、**高貴で**美しい人に見えてはっと目を覚ますと、この

の猫の声にてありつるが、いみじくあはれなるなり」と語り給ふを聞くに、いみじく

猫の声であったことが、とても悲しいのです」とお話しになるのを聞くと、とても心にし

あはれなり。

みる感じがする。

［出典：『更級日記』家居の記］

□おのれ【己】①自分自身。②私。③おまえ。

□わびし【侘びし】①つらく苦しい。②寂しい。③貧しくみすぼらしい。④興ざめだ。

□あてなり【貴なり】①身分が高くて高貴である。②上品だ。

6

文法まとめ⑥
「『らむ』の識別／『る』『れ』の識別」

6講の問四で扱った「らむ（らん）」の識別と、7講の問三で扱う「る」と「れ」の識別についてまとめます。

「らむ（らん）」の識別

1 現在推量の助動詞「らむ」

u音＋らむ

＊「らむ」は終止形もしくは連体形。

例 しづ心なく花の散る（ru）らむ（古今和歌集）

訳 どうして落ち着いた心もなく桜の花が散るのだろう。

2 完了の助動詞「り」＋推量の助動詞「む」

e音＋ら＋む

＊「ら」は完了の助動詞「り」の未然形。
「む」は推量の助動詞の終止形もしくは連体形。

例 あはれ知れ（re）らむ人に見せばや（後撰和歌集）

訳 情趣を解しているであろう人に見せたいものだ。

3 単語の一部＋推量の助動詞「む」

例 いささか違ふ所もあらむ人。（徒然草）

訳 少し（考えの）違うところのあるような人。

＊この例では、ラ変動詞「あり」の未然形「あら」に推量の助動詞「む」の連体形が接続している。

＊「む」の上に付く語として、
四段動詞の「参る」の未然形「参ら」
断定の助動詞「なり」の未然形「なら」
打消の助動詞「ず」の未然形「ざら」
完了の助動詞「たり」の未然形「たら」
などがある。

「る」「れ」の識別

1 完了・存続の助動詞「り」

e音＋ る ↓連体形
　　　 れ ↓已然《いぜん》形・命令形

＊e音…四段動詞の已然形とサ変動詞の未然形の活用語尾。

基本形	未然形	連用形	終止形	連体形	已然形	命令形
り	ら	り	り	る	れ	れ

例 大納言殿の参り給《たま》へ（he）る なりけり。（枕草子）

訳 大納言が参上なさったのであった。

例 しばし入りて臥《ふ》し給へ（he）れ。（落窪物語）

訳 しばらく中に入って横になっていなさい。

2 自発・可能・受身・尊敬の助動詞「る」

a音＋ る ↓終止形
　　　 れ ↓未然形・連用形

＊a音…四段・ナ変・ラ変動詞の未然形の活用語尾。

基本形	未然形	連用形	終止形	連体形	已然形	命令形
る	れ	れ	る	るる	るれ	れよ

例 かの大納言、いづれの舟にか乗ら（ra）る べき。（大鏡）

訳 あの大納言は、どの舟にお乗りになるのだろうか。

例 抜かんとするに、大方抜か（ka）れ ず。（徒然草）

訳 抜こうとするけれど、まったく抜くことができない。

3 単語の一部

例 いみじき報いをも受くる ものなる。（源氏物語）

訳 おそろしい報いも受けることである。

＊ここでの「る」は下二段動詞「受く」の連体形の活用語尾。

6

土佐日記《とさにっき》

作品解説 ■ 九三五年頃に紀貫之《きのつらゆき》によって書かれた日記。土佐の守《かみ》の任期が終わり土佐を出発して帰京するまでの五十余日間の見聞を記す。筆者を女性に仮託して仮名文で書かれている。男性の記録的な漢文日記に対して、私的感慨を表現し、日記文学の祖となった。

別冊（問題） p. 38

解答

問	解答	配点
問一	a イ / b オ / c イ	2点×3
問二	A エ / B イ	2点×2
問三	る	2点
問四	イ	2点
問五	エ	6点
問六	ア	6点
問七	エ	4点

目標点 24／30点

問題文の概要

あらすじ ● 貫之一行は、夜が更けてから京に到着した。屋敷の中に入ると、話に聞いていた以上に荒れた様子に貫之は衝撃を受ける。庭も池のように水がたまり、松の木も見る影もなくなっていた。土佐で亡くなってしまった子どものことを思い出し、歌を詠んだ。

内容解説 ● 土佐から帰京し自宅に戻った筆者（＝貫之）が、荒れた家や庭を目にしたことをきっかけに、土佐で亡くなった子のことを思い出します。最後に詠まれた二首の歌からは、筆者の痛切な悲しみを読み取ることができます。

設問解説

問一　語句の意味

傍線部a　「言ふかひなく」は「言ふかひなし」の連用形です。漢字で書くと「言ふ甲斐無し」で、「言っても効果がない・言いようがない」の意味です。程度のはなはだしさを表して、下の「こぼれ破《やぶ》れたる」を修飾するので、イ「言いようがないほど」が正解です。ウの「言うまでもなく」は、「言う必要がない・当然だ」の意味なので、文意に合いません。

> **関連メモ**　**セットで覚える　慣用句**
> 言ふかひなし
> 言ふかたなし
> 言ふばかりなし
> 言ふよしなし
> 言ふべくもあらず
> 言ふもおろかなり
> →「言いようがない」の意味。

傍線部b　「さるは」は「そうであるのは・それなのに・そのうえ」の意味の接続詞です。順接にも逆接にもなる接続詞なので、文脈によって判断します。

傍線部bの直前に「望みて預かれるなり（相手が望んで家を預かったのである）」とあり、直後に「便りごとに物も絶えず得させたり（ついでがあるたびに贈り物をしていた）」とあります。「相手が望んでしたこと」に対して「こちらがお礼をする」のはふつうは必要ないことなので、逆接の語句が入るはずです。よって、正解はオ「それでも」となります。

傍線部c　「口惜《くちを》しき」は形容詞「口惜し」の連体形で、意味は「残念だ・悔しい」なので、選択肢をイとエに絞ることができます。「残念」と「悔しい」は似た意味なので、「心残り」と「情けない」のどちらがよいか検討します。その前に、現代語の意味を確認すると、「心残り」は「思いどおりにならず、あとに不満や物足りなさが残ること」で、「情けない」は「あまりのふがいなさを嘆く気持ち」です。

傍線部cは、本文の最後の段落にあり、人に預けた家が荒れ果てていたことや、土佐で子どもを亡くしたことなどが、「忘れがたく、口惜しきこと」の中に含まれていると考えられます。自分の力が足りずに起きてしまったことならば「ふがいない」と感じるかもしれませんが、家が荒廃していたことや子どもの死は自分ではどうしようもないことです。よって、正解はイ「残念で心残りなこと」となります。

解答　a イ　b オ　c イ

7

問二　主体の把握

多くの場合、日記文では、「私」という主語は省略されます。『土佐日記』は、筆者が自分のことを「ある人」と表記している場面もあります。主体を問う問題では先に選択肢を見ておいて、登場人物と人物関係を把握して読み始めるのが定石です。選択肢から、筆者（＝貫之）は、従者たちを引き連れて帰京したとわかります。

波線部A　「望みて預かれるなり」を訳します。

> 望み ― て① ― 預かれ ― る② ― なり③
> ① 接助 単純接続［〜て］
> ② 助動「り」の連体形。完了［〜た］
> ③ 助動「なり」の終止形。断定［〜である］
> 直訳 ▼ 望んで預かったのである

波線部Aの前の行に「家に預けたりつる人」とあります。格助詞の「に」と「を」には似た働きがあるので、これは「家を預けたりつる人」の意味です。3行目に「中垣こそあれ、一つ家のやう」とあるように、これは「隣の家」です。つまり、貫之は土佐に赴任する前に自宅を隣の人に預け、管理を頼んでいたということです。となれば、「預かった」の主語は、エ「隣家の住人」となります。

波線部B　「ものも言はせず」を訳します。

> もの ― も ― 言は ― せ① ― ず
> ① 助動「す」の未然形。使役［〜させる］
> 直訳 ▼ ものも言わせない

直前の「かかること」は、筆者たちが目にした「家が荒廃していたこと」を指します。隣家に預けていた家が帰ったら荒れていた、という事態が起きたわけです。「かかること」はこの荒れた家の様子を指すので、よい意味にはなりえません。「こんなひどいこと！」と思ったのです。相手が希望して預かってくれたうえに、お礼も欠かさなかったのに、まったくひどい仕打ちです。これを見たら誰でも文句の一つも言いたくなります。でも「言わせない」ということです。では、誰が「言わせない」のかというと、そのような権限を持っているのは主である貫之しかいません。よって、正解はイ「筆者」となります。文句を言いたがっている従者たちをとめたということです。

この設問では「せ」が使役の意であることを理解したうえで、登場人物の関係も踏まえて主語を導くことになります。ここで

「せ」の識別もおさらいしておきましょう。

●「せ」の識別●

1 **サ変動詞「す」の未然形**
2 **使役・尊敬の助動詞「す」の未然形・連用形**
3 **過去の助動詞「き」の未然形**
＊「～せば…まし」（反実仮想文）の形でのみ使う。

解答 A エ　B イ

問三 文法（係り結び）

係助詞「ぞ」があると、係り結びの法則により**文末が連体形**になります。「ぞ」の直後を品詞分解します。

①まじれ ― ②る

① 動【交じる】ある物の中に他の物がまざる。
② 助動「り」の連体形。存続［～ている］

直訳 ▼ 交じっている

よって、結びの語は「る」となります。「まじれる」で一語のようにも見えますが、古文には、現代語の「乗れる」や「読める」のような可能動詞はないので、「まじれ」が動詞で「る」が助動詞と判断します。なお、可能動詞が普及するのは明治以降のことです。

●「る」の識別●

1 **完了（存続）の助動詞「り」の連体形**
　e音＋「る」
2 **自発・可能・受身・尊敬の助動詞「る」の終止形**
　a音＋「る」

解答 る

問四 解釈

傍線部①を、解釈の手順に従って解釈しましょう。

①中垣 ― ②こそ ― ③あれ

① 名 隣家との隔てとなる垣根。
② 係助 強意［訳は不要］
③ 動「あり」の已然《いぜん》形。
＊**「こそ～已然形」で文が終止せずに下に続く場合、逆接［～けれど］を表す。**

直訳 ▼ 中垣はあるけれど

ポイントは**係り結びの逆接用法**です。直訳そのままのイが正解です。

解答 イ

問五　理由の説明

理由説明となっていますが、この場合は状況説明と同じです。どういう状況に対して「つらし」と感じたのかを読み取ります。

まずは傍線部②を訳します。

> ①いと ― ②は ― ③つらく ― ④見ゆれ ― ⑤ど
>
> ① 副 たいそう。
> ② 係助 強意［訳は不要］
> ③ 形「辛し」の連用形。薄情だ。
> ④ 動「見ゆ」見える。（下二段活用の已然形）
> ⑤ 接助 逆接［～けれど］
>
> 直訳▼ たいそう薄情に見えるけれど

「つらし」は、**自分のことについて述べるときは「つらい」**、**相手について述べるときは「薄情だ」の意味**になります。「見える」は、自分に対しては用いないので、ここは、相手に対する評価だと判断できます。よって、「つらし」は「薄情だ」の意味になります。

では、どのような状況を「薄情だ」と言っているのでしょうか。

問二でも解説しましたが、土佐から帰京し、家に着いた貫之一行が見たのは、荒廃した家でした。ただ家が荒れているだけでは「薄情」にはつながりません。「こちらから無理に頼んだわけではない、隣家の人が望んで預かってくれた、しかもお礼の贈り物をしていた」、この伏線が重要です。それにもかかわらず家が言いようもないほど荒れ放題だった、という状況です。これでは隣の人は「薄情」と思われても仕方ありません。やるべきことをやっていなかったのですから「責任感がない」と言ってもよいでしょう。選択肢の中で、この状況に合致するものを選びます。

ア　×京の自宅に到着するまでの船旅のつらかったことを思う気持ちが起こったから。
　→家が荒れていた、ということすら述べていない。

イ　壊れた家の様子を見て×これからの生活に不安を感じる気持ちが起こったから。

ウ　家の様子の変わりようを見て×人の世をはかなく思う気持ちが起こったから。

エ　家の留守を預かった者の無責任さが見てとれて不満の気持ちが起こったから。
　→矛盾がない。

オ　壊れた家の様子を見て×とても住めないと悲観した気持ちが起こったから。

イ、ウ、オの×部分は、本文に記述がありません。よって、**正解はエ**です。本文の前半の内容は、この「つらし」という気持ちに集約されます。

解答 エ

問六　理由の説明（和歌の解釈）

ここでも、やはり理由となる状況を読み取ります。
まずは、一つ目の歌を訳します。

> **生まれ①し も ‖ 帰らぬ ②ものを ‖ わが ③宿 に ‖ 小松のあるを ‖ 見る ④が ⑤悲しさ**
>
> ① 助動「き」の連体形。過去［〜た］
> ② 接助 逆接［〜のに］
> ③ 名 家。
> ④ 格助 連体格［〜の］
> ⑤ 名 悲しいこと。形容詞「悲し」に接尾語「さ」が付いて名詞化したもの。
>
> 直訳 ▼ 生まれた子も帰らないのに、我が家に小松があるのを見ることの悲しさよ。

「し」は連体形の準体法です（**3講**の**問一b**参照）。よって、下に「子」などを補います。「小松」は「子ども」の象徴です。貫之は庭に生えている小松を見て、帰ってこなかった「女子《をんなご》」を思い出しています。でも、これだけでは、どうして子どもが一緒に帰らなかったのかはわかりません。では二つ目の歌を訳します。

> **見①し 人の ‖ 松の千年《ちとせ》に ‖ 見②ましかば ‖ 遠く悲しき ‖ 別れ ③せ ④まし ⑤や**
>
> ① 助動「き」の連体形。過去［〜た］
> ＊「見し人」＝「かつて見た人」の意味で故人をいう。ここでは筆者の子どもを指す。
> ② 助動「まし」の未然形。反実仮想［〜だとしたら］
> ＊「AましかばBまし」＝反実仮想の用法。「もしAだとしたら、Bだっただろうに」の意味。
> ＊「悲しき別れ」で「死別」の意味。
> ③ 動「す」の未然形。する。
> ④ 助動 反実仮想［〜だっただろうに］
> ⑤ 係助 反語［〜か、いや、〜ない］
>
> 直訳 ▼ かつて見た子が、松のように千年も見るならば、遠く悲しい別れをしただろうか（いや、しなかっただろうに）。

反実仮想は、現実に反したことを想像する用法です。「小松」が子どもの象徴で、「松」は長寿の象徴です。**子どもが松のように長生きしなかった**という現実を反実仮想で表現しているわけです。

これで、「女子」が一緒に帰京しなかった状況（理由）がわかりました。「女子」は土佐で亡くなっていたのです。正解はア「もはやこの世の者ではない、帰らぬ人となってしまったから。」です。

本文の後半の内容は、歌に詠まれた「悲し」という気持ちに集約されています。

解答 ア

問七 **文学史**

『古今和歌集《こきんわかしゅう》』は最初の勅撰《ちょくせん》和歌集で、紀貫之・紀友則《きのとものり》・凡河内《おおしこうちの》躬恒《みつね》・壬生忠岑《みぶのただみね》が撰者《せんじゃ》です。よって、正解はエ「凡河内躬恒」です。紀貫之は「仮名序《かなじょ》」（仮名で記した序文）を書いたことでも知られます。その「仮名序」は我が国初の歌論として、後世に大きな影響を与えました。

その他の選択肢の人物も簡単に見ておきましょう。

藤原定家《ふじわらのさだいえ》（「定家《ていか》」とも）→『新古今和歌集《しんこきんわかしゅう》』の撰者。
在原業平《ありわらのなりひら》→『伊勢物語《いせものがたり》』のモデル。六歌仙《ろっかせん》の一人。
文屋康秀《ふんやのやすひで》→六歌仙の一人。
菅原道真《すがわらのみちざね》→平安時代前期の政治家・学者。

ちなみに、「六歌仙」とは、平安時代初期の歌道の達人とされる六人のことです。右の二人の他は、「僧正《そうじょう》遍昭《へんじょう》・喜撰《きせん》法師《ほうし》・大友黒主《おおとものくろぬし》・小野小町《おののこまち》」です。

解答 エ

現代語訳

夜ふけて来れば、所々も見えず。京に入り立ちてうれし。家に至りて、門に入るに、月明ければ、いとよくありさま見ゆ。聞きし（過去・体）よりもまして、言ふ（a）

夜が更けてやって来たので、あちこち（の様子）も見えない。（けれども）京（の町）に入っていってうれしい。家に着いて、門を入ると、月が明るいので、とてもよく様子が見える。聞いていた以上に、言いよ

重要語句

□ いふかひなし【言ふ甲斐無し】言いようがない。言ってもどうにもならない。

□ たより【便り・頼り】①よりどころ。

かひなくぞこぼれ破れたる。家に預けたりつる人の心も、荒れたるなりけり。①中垣こそあれ、一つ家のやうなれば、A望みて預かれるなり。bさるは、**便り**ごとに物も絶えず得させたり。今宵、「かかること」と、声高にBものも言はせず。②いとは**つらく**見ゆれど、志はせむとす。

うがないほど壊れいたんでいた。家を預けた人の心も、荒れているのであった。中垣はあるけれど、（地続きで）一軒家のようなので、（隣人が）望んで預かったのである。それでも、（京に）**ついで**があるたびに物も絶えず受け取らせていた。（けれど）今夜、「このような（ひどいありさまだ）こと」と、（従者たちには）大きな声では言わせない。（隣人のことは）とても**薄情だと**思われるけれど、お礼の贈り物はしようと思う。

さて、池めいてくぼまり、水つける所あり。ほとりに松もありき。五年六年のうちに、千年や過ぎにけむ、かたへはなくなりにけり。今生ひたるぞXまじれる。大方のみな荒れにたれば、「あはれ」とぞ、人々言ふ。思ひ出でぬことなく、思ひ恋しきがうちに、この家にて生まれし女子の、③もろともに帰らねば、いかがは悲しき。船人も、みな子たかりて**ののしる**。かかるうちに、な

さて、（庭に）池のようにくぼんでいて、水がたまっているところがある。ほとりに松もあった。（留守にしていた）五、六年のうちに、千年が過ぎてしまったのであろうか、（松の）半分は（枯れて）なくなってしまった。（その中に）今生えてきたばかりの（小松）が交じっている。全体がすっかり荒れてしまっているので、「まあひどい」と、人々は言う。思い出さないことはなく、思い出して恋しい（さまざまな）ことの中でも、この家で生まれた女の子が、一緒に帰らないので、どんなに悲しいことか。同じ船で帰ってきた人々も、皆子どもが集まって**騒いでいる**。こうしているうちに、や

縁故。②よい機会。ついで。③手段。④ぐあい。配置。

□つらし【辛し】①薄情で思いやりがない。②つらい。心苦しい。

□ののしる【罵る】①大声を出してやかましくする。②評判になる。③勢いが盛んである。

存続・体

ほ悲しきに**堪へ**ずして、ひそかに心知れる人と言へりける歌、

はり悲しみを**こらえ**られなくて、ひそかに（この悲しい）心をわかり合っている人〔＝妻〕と詠んだ歌、

過去・体　打消・体　主格　連体格

生まれしも帰らぬものをわが宿に小松のあるを見るが悲しさ

（ここで）生まれた子も（土佐の国で死んでしまって）帰らないのに、我が家に小松が生えているのを見ることの悲しさよ。

強意（↓）　完了・体（↑）　疑問（↓）　推量・体（↑）　強意（↓省

とぞ言へる。なほ**飽か**ずやあらむ。またかくなむ。

と詠んだ。それでもやはり（これだけでは）**満足し**ないのであろうか。またこのように（詠んだ）。

過去・体　主格　サ変動・未　反語

見し人の松の千年に見ましかば遠く悲しき別れせましや

かつて生きていた子が、松のように千年（もの長い人生）を見ていたならば、（土佐の国で死に別れるという）遠く悲しい別れをしただろうか（いや、しなかっただろうに）。

[c]　強意・未

忘れがたく、口惜しきこと多かれど、**え**尽くさ**ず**。とまれかうまれ、**疾く**破りて

忘れ難く、**残念な**ことが多いけれど、書き尽くすことは**できない**。とにもかくにも、（こんなものは）**早く**破り

意志・終

む。

捨ててしまおう。

〔出典：『土佐日記』〕

□たふ【堪ふ】①こらえる。②能力がある。

□あく【飽く】①満足する。②飽きていやになる。

□くちをし【口惜し】①残念だ。②身分がつまらない。③物足りない。

□え～ず　～できない。

□とし【疾し】早い。速い。

文法まとめ ⑦ 「『せ』の識別」

7講の問二で取り上げた「せ」の識別について、ここでは詳しく紹介します。

1 サ変動詞「す」の未然形

基本形	語幹	未然形	連用形	終止形	連体形	已然形	命令形
す	○	せ	し	す	する	すれ	せよ

＊動作を「する」と訳せるかで判断する。

例 遊びを せ むとや生まれけむ（梁塵秘抄）

訳 遊びをしようと生まれたのだろうか。

2 使役・尊敬の助動詞「す」の未然形・連用形

基本形	未然形	連用形	終止形	連体形	已然形	命令形
す	せ	せ	す	する	すれ	せよ

a音＋せ

＊a音（＝四段・ナ変・ラ変動詞の未然形）に接続する。

＊せ＋「給《たま》ふ」のときは、せは使役か尊敬。文脈で判断する。

＊せの下に「給ふ」が付かないときは、せは使役。

例 夜の御殿に入ら せ 給ひても、（源氏物語） → 尊敬

訳 ご寝室にお入りになっても、

例 随身《ずいじん》に歌は せ 給ふ。（堤中納言物語） → 使役

訳 随身に歌わせなさる。

例 人に聞か せ じ。（竹取物語） → 使役

訳 人に聞かせるまい。

3 過去の助動詞「き」の未然形

基本形	未然形	連用形	終止形	連体形	已然形	命令形
き	（せ）	○	き	し	しか	○

＊「～ せ ば…まし」（反実仮想文）の形でのみ使う。

例 世の中に絶えて桜のなかり せ ば春の心はのどけからまし（古今和歌集）

訳 この世にもしまったく桜がなかったならば、春の心はのんびりとしたものであろうに。

8 随筆

徒然草《つれづれぐさ》

作品解説 ■ 鎌倉時代末期に、兼好法師《けんこうほうし》（卜部兼好《うらべのかねよし》・吉田《よしだ》兼好《けんこう》）によって書かれた随筆。隠遁者《いんとんしゃ》・歌人としての筆者の思想を反映し、無常観に根ざす人生論・処世訓、また独自の美意識に基づく尚古趣味など内容は多方面にわたる。『枕草子《まくらのそうし》』『方丈記《ほうじょうき》』と並ぶ代表的な随筆。

別冊（問題） p. 44

解答

問一	後徳大寺の　3点
問二	ウ　2点
問三	心のままならず作りなせる　3点
問四	イ　2点
問五	イ　6点
問六	ア　6点
問七	A なれ　B べき　2点×2
問八	ウ→イ→ア→エ　完答4点

目標点 21/30点

問題文の概要

あらすじ ● 〈前半〉筆者は、身分教養のある人の住む、今風な華やかさがなく落ち着いていて、自然の庭や古風な調度などが置いてあるような家を理想的だとしている。〈後半〉後徳大寺《ごとくだいじ》の大臣《おとど》が住居に縄を張ったことを西行《さいぎょう》が非難したのに対して、筆者は、綾小路《あやのこうじ》の宮《みや》の例を挙げて、何かわけがあるかもしれないから、外見だけでは良し悪《あ》しを判断できないという考え方を示している。

内容解説 ● 前半は筆者の住まいへのこだわりが述べられていて、よいと思うもの、よくないと思うものが、対比的に描かれています。後半では、「後徳大寺の大臣」と「綾小路の宮」のエピソードを紹介し、家の様子からそこに住む人の心を推し測ろうとする筆者の考えが示されています。

設問解説

問一　段落分け

随筆や評論では「段落」ごとの内容をまとめることによって、筆者の考えや主張の理解がより的確なものになります。例えば、「結論→具体例→反例→根拠→結論」のように、筆者の思考の流れを読み取っていきます。

本文の内容を見ると、冒頭から6行目「うち見るより思はるる。」までは、筆者が好ましいと思っている住居を、好ましくない住居と対比させながら述べています。筆者は、古風で落ち着いた家を好みますが、中には豪華絢爛《けんらん》な家のほうが好きだ、という人もいるかもしれず、万人の共感は得られないかもしれません。これが評論との違いです。随筆は筆者の好みの問題なので、評論のように理論的な裏付けがあるわけではなく、すべての読者に対して説得力があるわけではないからです。

6行目「後徳大寺」から最後までは、**後徳大寺の大臣と綾小路の宮という具体的な人物の住まいの様子**を取り上げて、筆者の考えを述べています。聞き知っている過去の出来事や「私」の周りで起きた出来事についての筆者の考えを述べているので、筆者自身も登場し、日記に通じるものがあります。

このように前半と後半では内容が明らかに違うので、前段は冒頭から「うち見るより思はるる。」までと判断できます。また、前段では使われていない過去の助動詞「き」「けり」が、後段では使われています。後段は筆者の見聞や直接体験が記されているということが、助動詞の使われ方からも判断できます。

関連メモ　過去の助動詞「き」と「けり」の違い

き——直接体験の過去を表す。

けり——間接体験の過去を表す。

6行目の「また、」に惑わされるかもしれませんが、この一文は、前半の流れを受けているものです。2行目「しみじみと見ゆる」→4行目「心にくしと見ゆれ」→5行目「見る目も苦しく」→6行目「うち見るより思はるる」と、住居の外見に対して感じられることを列挙しています。

解答　**後徳大寺の**

問二　語句の意味

「家居《いへゐ》」は「住居」の意味ですが、もし知らなくても、「宿り（住まい）」「住みなしたる所」や、「簀子《すのこ》（板敷の縁側）」「前栽《せんざい》（庭先の植込み）」など、住まいに関連した語句が出てくることから判断できるでしょう。

解答　**ウ**

問三　語句の意味（対義語） 難

まずは、傍線部②を訳します。

①わざと｜②なら｜③ぬ
①副 わざわざ。意図的に。
②助動「なり」の未然形。断定［～である］
③助動「ず」の連体形。打消［～ない］
直訳▼意図的にではない

直後に「庭の草」とあるので、「わざとならぬ庭の草」は「人の手が加わっていない・自然な庭の草」の意味だと判断できます。

よって、「対照的に用いられている語句」とは、**「人の手が加わった・人為的な」**の意味を持つ語句ということです。5行目「前栽の草木まで」の下の「心のままならず作りなせる」はどうでしょうか。

①心｜の｜まま｜②なら｜③ず｜作り｜④なせ｜⑤る
①「心のまま」（連語）＝思いどおり。
②助動「なり」の未然形。断定［～である］
③助動「ず」の連用形。打消［～ない］
④動【為す】ここでは、動詞の下について「ことさらに～する」の意味。
⑤助動「り」の連体形。存続［～ている］
直訳▼思いどおりではなくことさら作っている

直訳の後半「ことさら作っている」は「意図的に作った・人工的な」の意味とほぼ同じです。前半の「思いどおりではなく」を、「人間の思いどおりでなく」の意味とすると、「意図的に」と反対の意味になって矛盾してしまいますが、**「草木の思いどおりでなく」**の意味に取れば、矛盾しません。「心のままならず」の「心」は「草木の心」のことです。「草木の思いどおりに」を言い換えれば「自然に」となります。つまり、「心のままならず」は「自然にではなく人の手を加えた」ということです。よって、「わざとならぬ」と対照的に用いられているのは、「心のままならず作りなせる」です。やや難です。

解答　**心のままならず作りなせる**

問四　解釈

まずは、傍線部③を訳します。

①時｜の｜ま｜の｜煙《けぶり》｜と｜も｜②なり｜③な｜④ん
①「時の間」（連語）＝ちょっとの間。
②動「なる」の連用形。
③助動「ぬ」の未然形。強意［きっと（～だろう）］

④ 助動 「む（ん）」の終止形。推量［〜だろう］

直訳 ▼ ちょっとの間にきっと煙となるだろう

ポイントは「煙となる」と「なん」の意味です。

「煙となる」とは、火事で燃えてしまうことです。

● 「なむ（なん）」の識別 ●

1 **未然形＋「なむ」**→願望の**終助詞［〜してほしい］**

2 **連用形＋「な」＋「む」**
　→完了（強意）**の助動詞＋推量の助動詞**

3 **名詞など＋「なむ」**
　→**強意の係助詞**
　＊文末は連体形になる。
　＊「なむ」がなくても文意が通じる。

4 **ナ変動詞の未然形活用語尾「―な」＋推量の助動詞「む」**
　例 死なむ　訳 死ぬだろう

「なん」は連用形に接続しているので、右の2であると識別できます。「な」は完了の助動詞ですが、ここでは推量の「む（ん）」を強調する働きなので、**「〜てしまうだろう・〜てしまいそうだ」と訳します。**既に起きてしまったこととして「〜てしまっただろう」と訳すのは間違いです。

よって、イ「またたくまに火災によって消えてしまいそうである」が正解です。家をことさら立派に作ったところで、火事になれば一瞬にして灰になるのにと、筆者は冷静な目で見ているのです。

解答 イ

問五　理由の説明

まずは、傍線部④を訳します。

そ｜の｜後｜は｜参ら①｜ざり②｜ける③

① 動 「参る」参上する。「行く」の謙譲語。
② 助動 「ず」の連用形。打消［〜ない］
③ 助動 「けり」の連体形。過去［〜た］

直訳 ▼ その後は参上しなかった

傍線部④の直前の会話文の前に「西行《さいぎやう》が見て」とあるので、「参上しなかった」の主語は「西行」、「参る」は、「後徳大寺の大臣のところに参上する」の意味と判断できます。この設問では、西行が、後徳大寺の大臣のところに参上しなかった、その理由が問われています。

本文6行目から後徳大寺の大臣の記述があるので、それをまとめると、「後徳大寺の大臣が、鳶《とび》をとまらせないために、寝殿に縄を張った」ということです。それを見た西行の反応が傍線部④です。

読解ルール　「とて」は同じことの言い換えを表す！

傍線部④の直前の「とて」は言い換えを表し、「鳶のゐたらんは、……さばかりにこそ」＝「その後は参らざりける」となるので、発言の前半を訳します。

鳶―の―①ゐ―②たら―③ん―は、―④何―⑤かは―⑥苦しかる―⑦べき

① 動【居る】（鳥などが）とまる。
② 助動「たり」の未然形。存続［～ている］
③ 助動「む（ん）」の連体形。婉曲《えんきょく》［～ような］
④ 副 どうして。
⑤ 係助 反語［～か、いや、～ない］
⑥ 形「苦し」の連体形。不都合だ。
⑦ 助動「べし」の連体形。推量［～だろう］　※問七の解説参照

直訳▼ 鳶がとまっているようなことは、どうして不都合であろうか（いや、不都合ではない）

これは、鳶がとまっているようなことは不都合なはずがない、という西行の考えで、**大臣が縄を張ったことを批判する**ものです。ここに大臣と西行の考え方の対立が見られます。それに続く後半を訳します。

こ―の―殿―の―御心《みこころ》、―①さばかり―②に―③こそ

① 副 その程度。
② 助動「なり」の連用形。断定［～である］
③ 係助 強意［訳は不要］
＊結びの語は省略されており、「おはすらめ」などを補う。

直訳▼ この殿のお心は、その程度でいらっしゃるのだろう

「その程度」という言葉は程度の軽さを表し、「マイナスの（好ましくない）評価」だと判断できます。

まとめると、西行は、後徳大寺の大臣が縄を張ったという状況を見て、「鳶がとまっているようなことは不都合ではないのに、縄を張るなんて、大臣の心はその程度なんだな」と批判する気持ちを持ったから、参上しなかったということです。

選択肢の中で**大臣の心を批判しているもの**を選びます。

× ア　家のたたずまいからして、あまりに豪華すぎて嫌気がさしたから。→鳶を追い払う行為に関して言及していない。

イ　鳶を寄せつけないようにする行為に、主人の狭量な心を見たから。→矛盾がない。

× ウ　鳶が寄りつかないほどであるのを見て、自分もそこに縛られたくなかったから。→大臣の心についての言及がない。

エ　鳶を嫌う大臣の様子から、自分とはあまり気が合わないと思ったから。↓△

オ　家に鳶が集まるのを見て、×何か不吉な場所であるように思われたから。↓大臣の心についての言及がない。

エはどうでしょう。**イ**と同じようなことを言っているように見えますが、西行は「大臣の心」を「その程度だ」とはっきりと批判していますので、「気が合わない」は間違いです。よって、**イが正解**です。なお、「狭量」とは「人を受け入れる心が狭い・度量が小さい」の意味で、対義語は「広量」です。　**解答**　**イ**

問六　主旨（筆者の考え）

まずは、傍線部⑤を訳します。

①さては｜②いみじく｜③こそ｜と｜④覚え｜⑤しか

①**接** それならば。
②**形**「いみじ」の連用形。すばらしい。ひどい。プラスとマイナスの両義を持つ。
③**係助** 強意［訳は不要］
＊結びの語は省略されており、直後に「あれ」などを補う。
④**動**「覚ゆ」思われる。
⑤**助動**「き」の已然《いぜん》形。直接体験の過去［～た］

＊「語りしこそ」の「こそ」の結び。

直訳▼それならばすばらしいことだと思われた

ポイントは「いみじ」の意味です。「それならば」の「それ」の指示内容は、直前の「人」の「宮は、烏《からす》が池の蛙《かえる》を取るのを見て悲しんで、縄を引いたのだ」という発言です。これは、縄を引く行為が蛙を思いやってのものだということで、**「いみじく」は広量でやさしい宮に対するプラスの評価**となります。

綾小路の宮の話を、後徳大寺の大臣の話と対比させてまとめます。

後徳大寺の大臣
・寝殿に縄を張った
・鳶をとまらせないため
筆者（何か理由が？）→
西行「大臣の心が狭い」と批判した（マイナス）→

綾小路の宮
・小坂殿《こさかどの》の棟に縄を引いた
・烏を寄せつけないため
→烏から蛙を守るため
筆者「すばらしい」と称賛した（プラス）→

大臣と宮は、どちらも自分の住まいに縄を張って鳥を寄せつけないようにしました。ところが、その同じ行為を、西行は批判したのに対して、筆者は称賛しました。傍線部⑤の直後に「徳大寺にもいかなるゆゑか侍《はべ》りけん（後徳大寺の大臣にもどのような理由があったのでしょうか）」とあります。筆者は、西行が批判した大臣の行為にも何か理由があったのかもしれない、と思っていることがわかります。**「綾小路の宮の行為はすばらしい、後徳大寺の大臣の行為にも何か理由があったのかもしれない」**これが、筆者の考えです。よって、選択肢ア「物事や行いには、それ相応の理由があるものであるから、外からちょっと見ただけではわからぬものである。」が正解となります。その他の選択肢の不適切な点も確認しておきましょう。

イ　庭木の手入れにしても、それぞれ主人の志向がうかがえるものだが、そのことを理解できるようにならないといけない。
→「庭木の手入れ」は前半の話題。

ウ　蛙がかわいそうだから縄を張って烏を避けるとはばかげた話であって、西行が立ち去るのも無理はないと納得できる。
→筆者は西行とは対照的に、綾小路の宮の態度を称賛している。

エ　烏にしても鳶にしても、人間から嫌われる動物は常に存在するが、彼らとて精いっぱい生きているのにかわいそうである。
→本文に書かれていない内容。

オ　自然の中にあるものは、自然のままにおいておくことが重要で、人間が勝手に干渉してはいけないものである。
→本文に書かれていない内容。

本文は、**問一**で見たように前段と後段に分けられますが、実はその間には次の一文が省略されています。「大方《おほかた》は、家居にこそ、ことざまはおしはからるれ。」という一文で、「だいたいは、住まいのあり方によって、そこに住む人の様子は推測されるものだ」という意味です。筆者が住まいにこだわったのは、「住まいを見ればそこに住む人のことがわかる」という考えがあったからでしょう。家に強いこだわりを持つ筆者ですが、物事を多面的に見る姿勢もうかがい知ることができます。

解答　ア

問七　文法（係り結び）

着眼点　**文末の空欄は係り結びをチェックせよ！**

文末の語の活用が問われている場合は、まず、「係り結び」を確認します。直前だけでなく離れたところに係助詞がないか、よく見てください。

A 「なり」は、上に名詞「もの」があるので、断定の助動詞です。少し離れた上に係助詞「こそ」がありますので、「なり」は已然形でなければならないので、「なれ」が正解です。

B 「べし」は、上に**係助詞「かは」**（疑問・反語の係助詞「か」＋強調の係助詞「は」から成る）があります。「かは」は疑いの気持ちを強調することで、**多く反語の意味**になります。**係り結びの法則により、文末は連体形**になります。「べし」は形容詞型の活用をするので、連体形は「べき」と「べかる」がありますが、「べかる」は下に助動詞が接続するときの語形で、係り結びでは「べき」を用います。よって、正解は「べき」となります。

解答 A なれ　B べき

問八 文学史

各作品の成立時期と筆者を確認しておきましょう。

徒然草	→	鎌倉時代末期（14世紀）	兼好法師
方丈記《ほうじょうき》	→	鎌倉時代初期（13世紀）	鴨長明《かものちょうめい》
枕草子《まくらのそうし》	→	平安時代中期（11世紀）	清少納言《せいしょうなごん》
折《おり》たく柴《しば》の記《き》	→	江戸時代中期（18世紀）	新井白石《あらいはくせき》

『枕草子』『方丈記』『徒然草』は三大随筆ともいわれます。『折たく柴の記』は随筆的な自叙伝です。

解答 ウ→イ→ア→エ

現代語訳

①家居の（主格）つきづきしくあらまほしきこそ（強意↓）、仮の宿りとは思へど、興あるもの

住まいが（住む人に）**似つかわしく理想的である**ことは、（現世での）一時的な住まいとは思うけれど、**興趣**のあるもの

なれ（A 断定・已↑）。よき人の（主格）のどやかに住みなしたる所は、さし入りたる月の色もひと

だ。**身分や教養の高い**（**情趣を解する**）**人**がゆったりと住んでいる所は、さし込んでいる月の光もいちだんと心に

重要語句

- □つきづきし【付き付きし】似つかわしい。ふさわしい。調和がとれている。
- □あらまほし　理想的だ。
- □きょう【興】おもしろみ。興趣。
- □よきひと【よき人】教養のある人。

きはしみじみと見ゆるぞ〔強意〕かし。今めかしくきららかならね〔打消・已〕ど、木立もの古りて、②わざ

しんみりと感じられるものだよ。当世風できらびやかではないけれども、（庭の）木立がなんとなく古びてい

とならぬ〔打消・体〕庭の草も心あるさまに、簀子、透垣《すいがい》のたよりをかしく、うちある

て、**わざわざ手入れをしたのでない**庭の草も**風情がある**様子で、簀子や、透垣の**配置**が**趣深く**、（室内の）ちょっと置いてあ

調度も、昔覚えてやすらかなるこそ〔強意（↓）〕、心にくしと見ゆれ〔下二動・已（↑）〕。多くの匠の〔主格〕心を尽くして磨

る道具類も、古風に思われて**落ち着いているさま**は、**奥ゆかしい**と感じられる。（反対に）多くの職人が心を込めて磨き

きたて、唐の、大和の、めづらしく、えならぬ〔打消・体〕調度ども並べ置き、前栽の草木

上げ、中国のものや、日本のもの、**目新しく**、**言いようもないほどの（すばらしい）**道具類を並べて置き、（庭の）植え込み

まで、心のままならず作りなせる〔存続・体〕は、見る目も苦しく、いとわびし。さてもやは〔反語（↓）〕

の草木まで、自然のままでなく**いかにも**作り込ん**だよう**であるのは、見た目も**見苦しく**、ひどく**興ざめだ**。そのような状態のままで

ながらへ住むべき〔可能・体（↑）〕。　また、③時のまの煙ともなりな〔強意・未〕ん〔推量・終〕とぞ〔強意（↓）〕、うち見るよ

住み**続ける**ことができようか（いや、できない）。そのうえ、（火事で焼けて）きっとまたたくまに煙になるだろうと、一目見る

り思はるる〔自発・体（↑）〕。　後徳大寺の大臣の〔主格〕、寝殿に鳶ゐさせ〔使役・未〕じとて、縄を張られ〔尊敬・用〕たりけるを西

なり思われてくる。　後徳大寺の大臣が、寝殿に鳶をとまらせまいとして、縄をお張りになっていたのを西行が

行が〔主格〕見て、「鳶の〔主格〕ゐたらん〔婉曲・体〕は、何かは〔反語（↓）〕苦しかる B べき〔推量・体（↑）〕。この殿の御心、さばかりに〔断定・用〕

見て、「鳶がとまるようなことは、何の差し障りがあろうか（いや、ない）。この殿のお心は、その程度で（いらっしゃ

こそ〔強意（↓省）〕」とて、④その後は参らざりけると聞き侍るに、綾小路の宮の〔主格〕おはします小坂殿の

るのだろう）」と言って、その後は参上しなかったと聞きましたが、綾小路の宮が住んでいらっしゃる小坂殿の屋根の

□いまめかし【今めかし】当世風で目新しい。

□わざとならず　意図的でない。

□こころあり【心あり】①情趣を解する。②思慮分別がある。③風情がある。

□たより【便り・頼り】①よりどころ。縁故。②よい機会。ついで。③手段。④ぐあい。配置。

□をかし　①すばらしい。美しい。趣がある。②こっけいだ。

□やすらかなり【安らかなり】①穏やかである。落ち着いている。②自然である。

□こころにくし【心憎し】奥ゆかしく心が惹《ひ》かれる。

□めづらし【珍し】①すばらしい。②好ましい。③目新しい。

□えならず　何とも言いようがないほどすばらしい。

□～なす　～のようにする。いかにも～であるようにする。

□くるし【苦し】①見苦しい。②差し障りがある。

棟にいつぞや縄を引かれたりしかば、かの**ためし**思ひ出でられ侍りしに、**まことや**、

（尊敬・用／自発・用／過去・体）

上にいつだったか縄をお引きになっていたので、あの（後徳大寺の大臣の）**例**が思い出されましたところが、**そういえば**、

「烏の群れゐて、池の蛙を取りければ、御覧じ悲しませ給ひてなん」と人の語

（主格／過去・已／尊敬・用／強意（↓省）／主格）

「烏が群れてとまって、池の蛙を取ったので、（宮が）ご覧になってお悲しみになって（そうなさったのです）」と人が語っ

りしこそ、⑤さては**いみじく**こそと覚えしか。徳大寺にも**いかなる**ゆゑか侍りけん。

（過去・体／強意（↓）／強意（↓省）／過去・已（↑）／疑問（↓）／過去推量・体（↑））

たことは、それならば**すばらしいことだ**と思われた。徳大寺（＝後徳大寺の大臣）にも**どのような理由**があったのでしょうか。

［出典：『徒然草』第十段］

□**わびし**【侘びし】①つらく苦しい。②貧しくみすぼらしい。③興ざめだ。

□**ながらふ**【永らふ】①長続きする。②長生きする。

□**ためし**【例】先例。手本。

□**まことや** ああ、そうそう。そういえば。ほんとにまあ。

□**いみじ** ①すばらしい。②ひどい。恐ろしい。③並々ではなくたいそうなことだ。

□**いかなり**【如何なり】どのようだ。どういうわけだ。

□**ゆゑ**【故】①原因。理由。②風情。③由緒。家柄。

文法まとめ⑧
「『なむ』の識別／『なり』の識別」

ここでは入試で頻出の「なむ」と「なり」の識別についてまとめます。

「なむ（なん）」の識別

1 願望の終助詞「なむ」

未然形＋なむ

＊「～してほしい」と訳す。

例 山の端《は》逃げて入れずもあらなむ（古今和歌集）

訳 山の端が逃げて（月を）入れないでいてほしい。

2 完了の助動詞「ぬ」の未然形「な」＋推量の助動詞「む」

連用形＋な＋む

＊「きっと～だろう・きっと～しよう」などと訳す。

例 髪もいみじく長くなりなむ。（更級日記）

訳 髪もきっとたいそう長くなるだろう。

＊未然形と連用形が同じ活用になる動詞に接続している「なむ」は1か2か判断できないので、意味を考えて決める。

例 起きなむ。

＊「起き」が未然形→訳 起きてほしい。

＊「起き」が連用形→訳 きっと起きるだろう。

3 強意の係助詞「なむ」

名詞など＋なむ……文末が連体形

＊「なむ」を訳出する必要はない。

＊文末の活用形を確認する。

例 かかることなむある。（宇治拾遺物語）

訳 このようなことがある。

4 ナ変動詞の未然形活用語尾「－な」＋推量の助動詞「む」

例 とく往《い》なむと思ふに、（伊勢物語）

訳 早く去ろうと思うと、

「なり」の識別

1 四段動詞「なる」の連用形「なり」

基本形	未然形	連用形	終止形	連体形	已然形	命令形
なる	なら	なり	なる	なる	なれ	なれ

＊「なる」の連用形「なり」。

＊「～になる」など動詞として訳すことができる。

例 鬼の顔に［なり］て、（徒然草）

訳 鬼の顔になって、

2 形容動詞の活用語尾

＊連用形・終止形の「――なり」。

＊性質や状態を表す語か判断する。

例 すべて言ふもおろか［なり］。（枕草子）

訳 すべて言葉では言いあらわせない。

3 断定の助動詞「なり」

基本形	未然形	連用形	終止形	連体形	已然形	命令形
なり	なら	なり に	なり	なる	なれ	なれ

体言・連体形＋［なり］

＊「～だ・～である」と訳す。

例 この吹く風は、よき方の風［なり］。（竹取物語）

訳 この吹く風は、よい方角へ吹く風である。

4 伝聞・推定の助動詞「なり」

基本形	未然形	連用形	終止形	連体形	已然形	命令形
なり	○	（なり）	なり	なる	なれ	○

終止形（ラ変型には連体形）＋［なり］

＊「～ようだ・～そうだ」と訳す。

例 秋の野に人待つ虫の声す［なり］（古今和歌集）

訳 秋の野で人を待つという松虫の声がするようだ。

玉勝間《たまかつま》

作品解説 ■ 江戸時代後期、本居宣長《もとおりのりなが》によって書かれた随筆。学問論、古道論など、宣長晩年の見識と境地がうかがえる。本居宣長は伊勢松坂《いせまつさか》の出身で、賀茂真淵《かものまぶち》に師事してからは古道研究に専念し『古事記伝《こじきでん》』を著した。『源氏物語玉の小櫛《げんじものがたりたまのおぐし》』では、「もののあはれ」の文学論を展開した。

別冊（問題） p. 50

解答

問一	問二	問三	問四	問五	問六	問七
エ	① オ　④ ア	オ	エ	イ	ウ	エ
4点	4点×2	3点	2点	3点	6点	4点

目標点　24／30点

問題文の概要

あらすじ ● 人は誰でも欲望を持っているものなのに、欲望がないかのようにふるまうのは偽りである。どのような徳のある人でも月や花に感動するなら美しい女性に目がいかないはずはない。しかし、うわべを飾るのは人の常なので、一概にとがめることはできない。

内容解説 ● 人間の欲望について考察した文章です。無欲であることを称賛し、欲望を持つことを否定する世間一般の考え方に対して、欲望を持つことは人の真心だと主張しますが、欲望を表に出さないことに対しては一定の理解を示しています。

設問解説

問一 文法（形容詞）

形容詞の活用の仕方を頭に入れておきましょう。

基本形	語幹	未然形	連用形	終止形	連体形	已然形	命令形
よし	よ	○ から	く かり	し ○	き かる	けれ ○	○ かれ
うつくし	うつく	○ しから	しく しかり	し ○	しき しかる	しけれ ○	○ しかれ

では、本文の1行目から、形容詞を順に抜き出していきます。

1「うまき」＝「うまし」の連体形
1「よき」＝「よし」の連体形
2「長から」＝「長し」の未然形
2「よから」＝「よし」の未然形
3「いみじき」＝「いみじ」の連体形
3「ほしから」＝「ほし（欲し）」の未然形
3「多かる」＝「多し」の連体形
3「うるさき」＝「うるさし」の連体形

重複するものは一つに数えるよう指示があるので、**七つ**となります。「まほしく」は形容詞型の活用をする**助動詞**「まほし」の連用形です。

なお、本来「多かる」は下に助動詞が続く場合の語形ですが、ひらがなで書いたときの「多き」と「大き」を区別するために、あえて「多かる」を用いているものです。

解答 エ

問二 現代語訳

傍線部① 形容詞「いみじ」の意味がポイントです。「いみじ」は「すばらしい・ひどい」と、プラスとマイナスの両方の意味を持っているので、何を「いみじ」と述べているのかを読み取って、プラスの意味なのかマイナスの意味なのかを判断します。

第一段落は、人間の欲望についての筆者の考えを、世間の見解と対比させて述べています。

世間（皆）
欲望を持つこと →「よからぬこと」マイナス
⇔対比
願わないこと →「いみじきこと」プラス
→批判
筆者——世間の見解は「いつはり」

「欲望を持つこと」と「願わないこと（＝欲望を持たないこ

と)」、「よからぬこと」と「いみじきこと」が、それぞれ対比されているので、**「いみじき」はプラスの意味**になります。よって、オ「すばらしいこと」が正解です。
「欲望を持つのはよくないこと、願わないのがよいこと」これが世間一般の考え方です。これに対して、筆者は「その考えは偽りだ」と反論しています。

傍線部④ 品詞分解して直訳してみます。

> 人—と—あら①—む②—者
> ① **動**「あり」生きている。
> ② **助動**「む」の連体形。婉曲《えんきょく》「〜ような」
> **直訳** ▼ 人として生きているような者

「人とあらむ者の心にあらず」は、人の心についての一般論を述べているので、「人とあらむ者」は「人・人間」を指すと判断できます。よって、正解は、ア「人として生きている者」となります。
推量の助動詞「む」は、下に名詞「者」があるので、婉曲の意味になりますが、選択肢**ア**で訳出していないのは、「〜ような者」はやや不自然な表現だからです。

解答 ①オ ④ア

問三 文法（「し」の識別）

> ●「し」の識別●
> 1 サ変動詞「す」の連用形 → 「〜する」と訳す
> 2 過去の助動詞「き」の連体形 → 「〜た」と訳す
> 3 強意の副助詞 → 取り除いても意味が通じる
> 4 単語の一部

傍線部②「情《こころ》しあらば」は「心があるならば」と訳すことができ、**「し」を取り除いても意味が通じる**ので、強意の副助詞の「し」です。
では、二重傍線部**ア〜オ**についても、前後を品詞分解して訳してみます。

ア 皆—よから—ぬ—こと—に—し‖ **訳** すべてよくないことにし
イ いみじき—こと—に—し‖—て **訳** すばらしいことにして
ウ 目—に—も—とまら—ぬ—顔—し‖—て
訳 目にも入らない顔をして
エ しか‖—は—あれ—ども **訳** そうではあるけれど
オ さ—し‖—も—とがむ—べき—に—は
訳 そんなにもとがめなくてはならないものでは

ア・イ・ウは「〜する」と訳せるので、**サ変動詞「す」の連用形**です。**エ**は、**「しか」が一語で副詞**です。**オ**は、「し」を取り除いても意味が通じるので、強意の副助詞です。よってオが正解です。

解答 オ

問四　文法（係り結び）

文末の語の活用形を考える際は、必ず係り結びについて確認します。傍線部③の上には「などか」とあり、**「か」は係助詞**なので、係り結びの法則によって文末の「む」は連体形となります。

解答 エ

問五　適語の補充（接続語）

まずは選択肢を見ます。

ア　さて　訳 そして
イ　しかるに　訳 それなのに
ウ　なほ　訳 やはり
エ　しかのみならず　訳 それだけでなく
オ　かくして　訳 こうして

いずれも接続語の類いです。どれが入るかは、空欄**A**の前後の内容によって決まります。前後の内容を大まかに訳してみると次のようになります。

> 欲望を持つのは、すべての人の真実の心《プラス》である。
> **A**、
> これら（＝欲望を持つこと）をよくないこととし《マイナス》、……

「真実の心」をプラスとすれば、「よくないこと」はマイナスです。対比的な内容をつないでいるので、空欄**A**には逆接の接続語が入ります。よって、正解はイ「しかるに」です。

解答 イ

問六　要旨

段落ごとに本文の内容をまとめます。

> **第一段落**＝人間が欲望を持つことを否定するのは偽りである。
> **第二段落**＝月や花に感動する先生や法師などが女性に目がいかないというのは偽りである。
> **第三段落**＝人がうわべを飾るのは世の常なので、これらを偽りだと非難することはできない。

これと選択肢を照らし合わせます。

ア　人間が衣食住等について十分でありたいという欲望を持つことは人間としての自然の感情であって、それを否定することは人間性を無視することになるので、決して許してはならない。

イ　世間で先生などといって仰がれる人は、月や花を見ては情趣を感じる様子をするが、美しい女を見ては目にも入らない顔つきをしがちである。それは大きな矛盾であって、人間の本質がわかっていない人のあさはかなふるまいである。

ウ　世間の人はそれぞれ欲望を持っているのに、持っていないかのようにふるまっているのは、自分を偽っているからにほかならない。ただし、それは一般の世の習慣であるから、それほどとがめだてすることもあるまい。↓矛盾がない。

エ　世間には欲望を持つことを肯定する人がいるが、それは世間の風習に反するのであって、社会人として生きていくにはその欲望を適度に抑制して生活すべきである。

オ　世間の人が持っている欲望を抑えて生きているのは、自分を偽っているかのように思えるが、実はそうではなく、その生き方こそ真実の生き方と言えるのである。

ア、イ、エ、オの×部分は、本文に記述がありません。よって、正解はウです。人のさまざまな願いや色情の具体例を挙げて、それらの欲望は人の真心（嘘《うそ》偽りのない心）だと筆者は主張しています。さらに、人間がその欲望を隠すことについても、「世のならひ」として一定の理解を示しているのです。

解答　ウ

問七　文学史

『玉勝間』は江戸時代の国学者、本居宣長の随筆です。選択肢に挙げられている人物の主な作品についても、おさらいしておきましょう。

〈主な作品〉

鴨長明《かものちょうめい》　『方丈記《ほうじょうき》』『発心集《ほっしんしゅう》』『無名抄《むみょうしょう》』
兼好法師《けんこうほうし》　『徒然草《つれづれぐさ》』
賀茂真淵　『万葉考《まんようこう》』『歌意考《かいこう》』
本居宣長　『源氏物語玉の小櫛』『古事記伝』『玉勝間』
上田秋成《うえだあきなり》　『雨月物語《うげつものがたり》』『春雨物語《はるさめものがたり》』

解答　エ

現代語訳

うまき物食はまほしく、よき衣着まほしく、よき家に住ままほしく、たから得まほし
おいしい物を食べたく、きれいな着物を着たく、立派な家に住みたく、財宝を手に入れたく、
く、人に尊まれまほしく、命長からまほしくするは、皆人のまごころなり。しかるに、
人に尊敬されたく、長生きしたく思うのは、すべての人の（嘘のない）真実の心である。ところが、これら
これらを皆よからぬことにアし、ねがはざるを①いみじきことにイして、すべてほし
をすべてよくないことにし、（これらのことを）願わないのを**すばらしい**ことにして、何もほしくなく、
からず、ねがはぬ顔する者の、世に多かるは、例のうるさきいつはりなり。
願わない顔をする者が、世に多い〔＝たくさんいる〕のは、いつもの**煩わしい**偽りである。
また、世に先生など仰がるる物知り人、あるは上人など尊まるる法師など、月花を
また、世間で先生などと仰がれる物知り、あるいは上人《しょうにん》などと尊敬される法師などが、月や花を
見ては、**あはれとめづる**顔すれども、よき女を見ては、目にもかからぬ顔ウして過ぐ
見ると必ず、**風情がある**と**賞美する**顔をするけれども、美しい女を見ると必ず、目にも入らぬ顔をして通りすぎるのは、
るは、まことに**しかる**にや。もし月花をあはれと見る②情しあら
ほんとうに**そう思っている**のだろうか（いや、思っていない）。もし月や花を情趣があると（思って）見る気持ちが
ば、ましてよき女には、などか目の③移らざらむ。月花はあはれなり、女の
あるならば、まして美しい女には、どうして目が向かないだろうか（いや、向くはずだ）。月や花は風情がある、女の容色は目

重要語句

□いみじ ①すばらしい。②ひどい。恐ろしい。③並々ではなくたいそうなことだ。
□うるさし ①煩わしい。②立派だ。
□あはれ ①しみじみとした趣。風情。②寂しさ。悲しさ。③愛情。情け。
□めづ【愛づ】①かわいがる。②ほめる。感嘆する。賞美する。
□しかり【然り】そのようだ。そのとおりである。

色は目にもとまらずといはむは、④人とあらむ者の心にあらず、いみじきいつはりに

婉曲・体　婉曲・体　断定・用　断定・用

にとまらないというようなのは、人として生きている者の心ではなく、ひどい偽りであったことよ。

こそありけれ。

強意(↓)　詠嘆・已(↑)

エしかはあれども、よろづにうはべをつくりかざるは、**なべて**世の**ならひ**にしあれ

副詞　断定・用　強意

そうではあるけれども、何かにつけうわべをつくり飾るのは、**一般に**世間の**習慣**であるから、

ば、これらは、いつはりとて、さオしも**とがむ**べきにはあらずなむ。

強意　断定・用　強意(↓省)

これらは、嘘偽りだといって、それほど**非難し**なければならないことではないのだ。

[出典：『玉勝間』四の巻]

□なべて【並べて】①一般に。すべて。②一面に。③並ひととおり。

□ならひ【習ひ・慣らひ】①ならわし。習慣。②世の常。

□とがむ【咎む】非難する。責める。

文法まとめ ⑨ 「『し』の識別」

9講の問三で扱った「し」の識別を詳しくまとめます。

1 サ変動詞「す」の連用形

基本形	語幹	未然形	連用形	終止形	連体形	已然形	命令形
す	○	せ	し	す	する	すれ	せよ

＊「〜する」と訳す。

例 夜ふくるまで遊びをぞ[し]たまふなる。（源氏物語）

訳 夜のふけるまで管弦の遊びをしていらっしゃるらしい。

2 過去の助動詞「き」の連体形

基本形	未然形	連用形	終止形	連体形	已然形	命令形
き	(せ)	○	き	し	しか	○

連用形＋[し]

＊「〜た」と訳す。

＊ただし、カ変・サ変動詞の未然形にも接続する。

例 昔あり[し]家はまれなり。（方丈記）

訳 昔からあった家は滅多にない。

3 強意の副助詞

＊訳出せず、「し」を取り除いても意味が変わらない。

例 今[し]、かもめ群れゐて、（土佐日記）

訳 今、かもめが群がるようにとまって、

4 単語の一部

例 右近を起こ[し]給ふ。（源氏物語）

訳 右近を起こしなさる。

＊これはサ行四段動詞「起こす」の連用形「起こし」の一部。

例 あはれに悲[し]きことなりな。（大鏡）

訳 しみじみと悲しいことであるなあ。

＊これは形容詞「悲し」の連体形「悲しき」の一部。

10 評論

無名抄《むみょうしょう》

作品解説 ■ 鎌倉時代前期の歌論書。鴨長明《かものちょうめい》著。和歌に関する故事、歌人にまつわる逸話、和歌詠作上の心得など、約八十条を収める。長明の幽玄論や師である俊恵《しゅんえ》の歌論の資料としても重要。説話的な内容や随筆的な内容から、長明の人物像もうかがい知ることができる。

別冊（問題） p. 56

解答

問	解答	配点
問一	a カ　b エ　c カ　d ク　e ウ	1点×5
問二	徒歩で	3点
問三	ことさらに	3点
問四	わざと〜ければ	完答3点
問五	A エ　B イ　C ア	2点×3
問六	オ	2点
問七	藤原俊成	4点
問八	ア	4点

目標点　22／30点

問題文の概要

あらすじ ● 道因《どういん》入道は、七、八十歳になっても徒歩で住吉《すみよし》神社にお参りして優れた歌を詠ませてほしいと祈り、歌合《うたあわせ》で負けたときは、判者に泣いて訴えた。また九十歳になっても歌会に参加し、一心に歌に耳を傾けた。その姿に感動した藤原俊成《ふじわらのとしなり》は、道因の歌を『千載和歌集《せんざいわかしゅう》』に十八首も入集《にっしゅう》させ、道因が夢に現れて礼を述べたので、さらに二首を加えた。

内容解説 ● 高齢になっても歌に対する熱意を失わなかった歌人道因の生きざまを描き、道因の歌が勅撰集《ちょくせんしゅう》に多く載っていることはその志の深さに見合ったものだと主張しています。歌に打ち込む出家者道因の姿には仏教説話の主人公にも通じるものが感じられます。

設問解説

問一 文法（「に」の識別）

●「に」の識別●

1 ［体言／連体形］＋「に」 訳 ～に
→ 格助詞

2 連体形＋「に」 訳 ～ので・～と・～のに
→ 接続助詞

3 ［体言／連体形］＋「に」＋（助詞）＋「あり」 訳 ～である
→ 断定の助動詞「なり」の連用形

4 連用形＋「に」＋［「けり」／「き」］（過去の助動詞） 訳 ～た
→ 完了の助動詞「ぬ」の連用形

5 「—に」で一語で、活用する語
→ 形容動詞の連用形の活用語尾

6 「—に」で一語で、活用しない語
→ 副詞の一部

このような可能性があることを念頭に置いて、二重傍線部a～eを順に見ていきます。

a 七《なな》、八十《やそぢ》｜に｜なる ↓格助詞 訳 七、八十歳になる

b おぼろなり｜ける｜に｜や ↓断定の助動詞 訳 ぼんやりとしたからであろうか

c 亡き｜跡｜に｜も ↓格助詞 訳 亡くなった後にも

d ことに｜あはれがり｜て ↓「ことに」で一語の副詞 訳 とりわけ感動して

e なさ｜れ｜に｜ける ↓完了の助動詞 訳 なさった

a 体言（名詞）の下にあり「～に」と訳せるので、格助詞です。

b 連体形の下にあり、「にや」の下に「あらむ」が省略されていて、「～である」と訳せるので、断定の助動詞です。

c 体言の下にあり、「～に」と訳せるので、格助詞です。

d 「ことに【殊に】」で一語の副詞で、「とりわけ・特に」の意味です。

e 「れ」が尊敬の助動詞「る」の連用形で、「にけり」の形をとっているので、完了の助動詞「ぬ」の連用形です。

解答 a カ b エ c カ d ク e ウ

問二 **語句の意味**

傍線部①「かちより」の「かち」は「徒歩」と書きます。これを知っていれば、「より」が手段を表しているとわかります。よって、**「徒歩で」「歩いて」が正解**です。たしかに乗り物を使ってお参りしてもご利益はなさそうですが、年老いても徒歩でお参りしたところに、道因の歌への思いの深さがよく表れています。

古語の格助詞「より」には、現代語にはない意味もあるので確認しておきましょう。

解答 **徒歩で（歩いて）**

> **関連メモ** **格助詞「より」の意味**
> **1 起点**［〜から］ 例 大津より浦戸をさして漕《こ》ぎ出《い》づ。
> **2 通過点**［〜を通って］ 例 木の間より漏りくる月の影
> **3 手段**［〜で］ 例 徒歩より詣でけり。
> **4 即時**［〜やいなや］ 例 名を聞くより、やがて面影は…

問三 **語句の意味（同義語）**

傍線部②**「わざと」は「わざわざ・意図的に」の意味**です。

傍線部②の直前の「道因が歌を負かしたりければ」の「が」は主格ではなく連体格の用法です。「道因が歌を負けとした」ではなく、「道因の歌を判者が負けとした」ということです。

清輔(S) 判者にて、道因が歌(O) を 負かし(V) たりけれ

傍線部②以下は、負けと判定された道因が、「わざわざ」判者のところへ行って泣きながら文句を言ったということです。これは道因の歌に対する執念を象徴する行為です。これと同じように**道因が「わざわざ」したこと**が述べられた箇所を探します。

本文5行目、「会の時には、」の下に同じような状況があります。「ことさらに講師の座に分け寄りて」です。**「ことさらに」は、「わざわざ」の意味**で、道因がわざわざ講師《こうじ》（歌を読み上げる人）の席に人をかき分けて近寄ったということです。よって、「ことさらに」が正解となります。

解答 **ことさらに**

問四 **指示内容**

「かばかりの大事」は「これほどの大ごと」の意味で、傍線部③の直後の「……にこそ逢《あ》はざりつれ」は「……には出会ったことがない」、つまり、初めて経験したという意味です。これは、直前にある「亭主」の発言ですが、「亭主」とは「主催者」のことです。よって、「かばかりの大事」は亭主が初めて経験した「大ごと」を指しているということです。傍線部の直前に、道因が判者に泣いて文句を言ったという記述があり、亭主の発言はそれを受けているので、亭主が初めて経験した「大ごと」は、

「歌合で負けた道因の言動」だと判断できます。よって、3行目「**わざと判者の……泣き恨みければ**」が該当箇所です。接続助詞の「ば」を除いて「わざと判者の……泣き恨みけれ」としてもよいでしょう。

解答 **わざと〜ければ（みけれ）**

問五 語句の意味

波線部A 「ありがたき」は形容詞「ありがたし」の連体形です。「**ありがたし」は「めったにない・珍しい・優れている・困難だ」の意味**なので、**エ「めったにないこと」が正解**です。「ありがたし」には「優れている・立派だ」の意味もあるので、高齢になっても歌のためなら徒歩で毎月神社に参詣する道因を、立派だと筆者は評価していると考えることもできます。

なお、「ありがたし」が感謝の意味で用いられるのは、江戸時代以降のことです。

波線部B 「みづはさせる」は、動詞「みづはさす」の已然《いぜん》形+完了の助動詞「り」の連体形です。年老いて一度抜けてから再び生える歯のことを「瑞歯《みずは》」といい、長寿のしるしとされていたことから、**「みづはさす」は「非常に年を取る」の意味**ですが、これは知らない人も多いでしょう。本文に「九十《ここのそぢ》（九十歳）」とあるので、それをヒントに考えます。

イ「ひどく年をとった姿」と**オ**「おいぼれた姿」の違いは何でしょうか。「おいぼれた」は、自分を卑下したり、相手をあざけったりするときに使う言葉です。「ひどく年をとった」はそれ自体にマイナスの意味はありません。道因入道は高齢になっても歌道に精進した人物として描かれているので、「おいぼれた」は不適です。よって、**イが正解**です。

波線部C 「なほざり」は「いい加減・おろそか」の意味です。よって、**ア「いい加減なこと」が正解**です。これも評価を表す言葉です。年老いた道因が一心に耳を傾けて歌を聴くことは「いい加減なことではない」と評価しています。

さて、これで、道因の歌への思いの深さを表すエピソードが三つ示されたので、整理してみましょう。

1 高齢になっても徒歩で神社にお参りして、優れた歌を詠ませてほしいと祈った
↓「ありがたきこと」
2 歌合で負けたとき、わざわざ判者のところへ行って泣いて文句を言った
↓「かばかりの大事」（**問四**）
3 九十歳になっても歌会に参加し、人をかき分けて講師のそばへ寄って熱心に歌を聞いた
↓「なほざりのこととは見えざりけり」

筆者は、一つ目は「ありがたきこと」と評価し、二つ目は「かばかりの大事にこそ逢はざりつれ」と判者の言葉によって評価し、三つ目は「なほざりのこととは見えざりけり」と評価しました。道因の二つ目と三つ目の行動は極端に感じられますが、筆者はこれを、**道因の歌への志の深さの表れだと捉えているということです。**

解答 A エ　B イ　C ア

問六　語句の意味

傍線部④の前後を訳してみます。

さしも道に心ざし深かりし者なればとて
訳 あんなにも(歌の)道に志が深かった者であるのでといって
④いうして
十八首を入れられたりければ
訳 十八首をお入れになったので

読解ルール　「て」は同じことの言い換えを表す！

「て」は言い換えを表すので、「いうし」＝「十八首を入れる」となります。道因の歌を十八首も勅撰集に入れるということは、特別な扱いであり、これを「優遇する」といいます。千載集の撰者は道因の歌への想いの深さに心を打たれて優遇したということです。選択肢の中でこの意味になり得るのは「優」だけなので、**正解はオ「優」**となります。ひらがなに漢字を当てる場合は、前後の文脈から意味を考え判断します。

解答 オ

問七　場面状況の把握／文学史　難

千載集の撰者が、道因を優遇して、十八首もの歌を入れた、というところまで説明しました。

傍線部⑤の直前に「夢の中」とあるのは、誰の夢でしょうか。「誰の」が書いていないということは書かなくてもわかる人だということです。今話題になっているのは、道因と千載集の撰者ですが、道因は亡くなったと書いてあるので、夢は撰者の夢と考えられます。夢の内容を見ると、「夢の中に来て涙を落としつつ、よろこびを言ふ」とあり、これは優遇してもらった道因が、夢に現れて涙を流しながらお礼を言った、ということです。

設問には、「その姓名を漢字四字で答えなさい」とあるので、千載集すなわち『千載和歌集《せんざいわかしゅう》』の撰者の名前、「**藤原俊成**」（ふじわらのとしなり）が**正解**です。場面状況を問うだけでなく、文学史の知識も合わせて問う設問だったということです。

撰者の夢に現れてお礼を言った、この行為も道因の歌への執

心を表すエピソードと捉えることができます。 **解答** **藤原俊成**

問八 語句の意味／主旨

まずは、傍線部⑥を訳します。

> ①しかる ― ②べかり ― ③ける ― こと
>
> ①動【然り】そのとおりである。（ラ変動詞の連体形）
>
> ②助動「べし」の連用形。
> 適当［〜がよい］・当然［〜するべきだ］
>
> ③助動「けり」の連体形。過去［〜た］
>
> 直訳▼そのとおりであるのがよかったこと
> そのとおりであるべきだったこと

ここは悪事を行った人を叱る場面ではないので、「しかる」を「叱る」としている**イ**は間違いです。選択肢で、直訳に近いのは、**ア**「当然そうあってよいこと」と、**オ**「それが当然であること」です。「べし」の意味を、**ア**は適当、**オ**は当然の意で解釈していると考えられます。

次に、傍線部が何を受けているのかを確認すると、「千載集の撰者が、道因の歌を二十首入集させたこと」、これを「しかるべかりけること」と言っています。選択肢**ア**と**オ**の意味の違いは何でしょうか。どちらにも「当然」という言葉があって紛らわしいので、よく見極めなければなりません。ポイントは筆者の評価の合理性です。

「そうあってよい」は、その行為を肯定する意味です。「当然である」はその行為が道理にかなっているという意味です。歌道に熱心な人の歌を二十首入集させることは道理にかなっているとは言えません。もしそうなら、歌道に熱心な人の歌は数多く勅撰集に入集させなければならないということになってしまいます。よって、ここは、「当然そうあってよいこと」と、筆者が撰者の行為を積極的に評価していると捉えます。**正解はア**です。

ウ「それでもかまわないこと」は消極的な肯定を表すので、強い意味を持った「べし」の訳としては不適です。**エ**「そうしてあげたいこと」は筆者の願望を表す表現なので不適です。

筆者は、**問五**で見た三つのエピソードに夢のエピソードを加えて、道因が千載集において優遇されたことは、道因の歌への志の深さに見合った適当なものであり、当然そうあってよいことだと主張しています。

『無名抄』は歌論ですが、この文章は説話的な要素を含んでいます。鴨長明の代表作は、『方丈記《ほうじょうき》』ですが、これは3巻で扱います。 **解答** **ア**

現代語訳

この道に心ざし深かりしことは、道因入道並びなき者なり。七、八十 a に なるまで、

歌の道に志が深かったことでは、道因入道は比べるものがない人物である。七、八十歳になるまで、「優れた歌

「秀歌よませ給へ」と祈らんために、①かちより住吉へ月詣でしたる、

を（私に）お詠ませください」と祈るために、徒歩で（和歌三神の一つである）住吉神社に毎月、日を決めて参詣を

いと A ありがたきことなり。ある歌合に、清輔判者にて、道因が歌を負かした

したのは、ほんとうにめったにないことである。ある歌合で、（藤原《ふじわらの》）清輔《きよすけ》が判者として、道因入道の歌を負けと判定し

りければ、②わざと判者のもとへ向かひて、まめやかに涙を流しつつ泣き恨みけれ

たところ、（道因入道は）わざわざ判者のところへ出向いて、心から涙を流しながら（負けにされたことを）泣いて嘆い

ば、亭主も言はんかたなく、「③かばかりの大事にこそ逢はざりつれ」とぞ語られ

たので、歌合の主催者も言いようがなくて、「これほどの大事〔＝歌の勝敗を判者に抗議すること〕は経験したことがないよ」

ける。九十ばかりになりては、耳などもおぼろなりける b にや、会の時に

とお話しになったそうだ。九十歳ぐらいになってからは、耳なども聞こえにくかったのであろうか、（歌の）会の

は、ことさらに講師の座に分け寄りて、脇もとにつぶとそひゐて、B み

ときには、わざわざ講師〔＝歌を読み上げる人〕の席に人をかき分けて近寄って、すぐ脇にぴったりと寄り添って座って、ひ

づはさせる姿に耳を傾けつつ、他事なく聞ける気色など、C なほざりのこととは見えざ

どく年をとった姿で耳を傾けながら、余念なく聞いていた様子など、いい加減なことには見えなかった。

重要語句

□こころざし【志】①誠意。愛情。②お礼の贈り物。③意向。

□ならびなし【並び無し】比べるものがない。

□かちより【徒歩より】徒歩で。

□ありがたし【有り難し】①珍しい。②（めったにないくらい）すばらしい。③難しい。

□わざと ①わざわざ。②特に。③本格的に。

□まめやかなり【忠実やかなり】①まじめだ。②本格的だ。③実用的だ。

□いはむ（ん）かたなし【言はむ（ん）方無し】何とも言いようがない。

□おぼろなり【朧なり】はっきりしない。ぼんやりしている。

□ことさらなり【殊更なり】①わざとである。②とりわけはなはだしい。

□みづはさす【瑞歯さす】長生きをする。非常に年をとる。

りけり。千載集撰ばれしことは、かの入道失せてのちのことなり。亡き跡に

尊敬・用　過去・体　断定・終　格助詞 c

（藤原俊成卿《きょう》が）千載集を編集なさったのは、あの道因入道が亡くなってから後のことである。（しかし）亡くなっ

も、さしも道に心ざし深かりし者なればとて、④いうして十八首を入れられ

過去・体　断定・已　尊敬・用

た後においても、あんなにも（歌の）道に志が深かった者であるからというので、（俊成卿は道因入道の歌を）優遇して（千載

たりければ、夢の中に⑤来て涙を落としつつ、**よろこび**を言ふと見給ひた

過去・已

集に）十八首をお入れになったので、（道因入道が）夢の中に出て来て涙を流しながら、**お礼**を述べていると（俊成卿は夢で）

りければ、ことにあはれがりて、今二首を加へて二十首になされにけるとぞ。

過去・已　副詞 d　尊敬・用　完了・用 e　強意（↓省）

ご覧になったので、とりわけ感動して、もう二首を加えて（道因入道の入集歌を）二十首になさったと（いうことだ）。

⑥しかるべかりけることにこそ。

断定・用　強意（↓省）

当然そうあってよかったた【**＝適当な**】ことである。

［出典：『無名抄』道因歌に志深事］

□けしき【気色】①（人の）様子・きげん・態度。②（自然の）様子・模様。

□なほざり【等閑】いい加減で本気でないこと。

□うす【失す】①消える。②死ぬ。

□よろこび【喜び】①お礼。②祝辞。③官位が昇進すること。

□しかるべし【然るべし】適当だ。ふさわしい。

10

文法まとめ ⑩

「『に』の識別／『ぬ』『ね』の識別」

最後に「に」の識別と「ぬ」「ね」の識別をまとめます。どれも入試では重要な知識となりますので、しっかり理解しましょう。

「に」の識別

1 格助詞「に」

体言 連体形など ＋ に

＊「～に」と訳す。

例 春ごろ鞍馬《くらま》にこもりたり。（更級日記）

訳 春頃、鞍馬山にこもった。

2 接続助詞「に」

連体形＋に

＊「～ので」「～と」「～のに」と訳す。

例 夜昼待ち給ふに、年越ゆるまで音もせず。（竹取物語）

訳 昼夜お待ちになるのに、年が明けるまで連絡もない。

3 断定の助動詞「なり」の連用形

体言 連体形など ＋に＋（助詞）＋あり

＊「～である」と訳す。

例 いとほしげなる気色にあれど、（蜻蛉日記）

訳 気の毒な様子であるけれど、

4 完了の助動詞「ぬ」の連用形

連用形＋に＋ けり／き （過去の助動詞）

例 舟こぞりて泣きにけり。（伊勢物語）

訳 舟の（中の人は）皆泣いてしまった。

5 形容動詞の連用形の活用語尾

＊一語で活用する。

例 いみじうあはれ[に]をかしけり。（枕草子）

訳 たいそう趣深く興趣あることだなあ。

＊ここでは形容動詞「あはれなり」の連用形。

6 副詞の一部

＊一語で活用しない。

例 つひ[に]本意のごとくあひにけり。（伊勢物語）

訳 とうとう前々からの願いどおり結婚してしまった。

「ぬ」「ね」の識別

1 打消の助動詞「ぬ」「ね」

未然形＋
- [ぬ]→打消の助動詞「ず」の連体形
- [ね]→打消の助動詞「ず」の已然形

基本形	未然形	連用形	終止形	連体形	已然形	命令形
ず	○	ず	ず	ぬ	ね	○
	ざら	ざり	○	ざる	ざれ	ざれ

例 大将にあら[ね]ども、（平家物語）

訳 大将ではないけれども、

2 完了の助動詞の「ぬ」「ね」

連用形＋
- [ぬ]→完了の助動詞「ぬ」の終止形
- [ね]→完了の助動詞「ぬ」の命令形

基本形	未然形	連用形	終止形	連体形	已然形	命令形
ぬ	な	に	ぬ	ぬる	ぬれ	ね

例 この子を見れば、苦しきこともやみ[ぬ]。（竹取物語）

訳 この子を見ていると、苦しいことも消えてしまう。

＊「ぬ」「ね」の上の動詞の未然形と連用形が同じ形の場合は、「ぬ」「ね」の活用形に着目。

例えば、「起きぬ人」の場合、「起き」は未然形か連用形か判断がつかないが、「ぬ」の下に名詞「人」があるので、「ぬ」は連体形とわかる。連体形が「ぬ」になるのは、打消の助動詞。

ジャンル別文学史

●文学史を、ジャンル別・おおまかな年代順で示した。（成立年代に諸説ある作品や複数のジャンルにわたる作品もある。）
●おもな作品名（作者名）を掲げ、重要な作品は赤色で示した。（俳諧の流派を《 》で示した。）

奈良時代 ／ 平安時代（800・900・1000・1100）

説話

- 日本霊異記《にほんりょういき》（景戒《けいかい》） — 今昔物語集《こんじゃく》 — 古本《こほん》説話集

物語

- 歴史書：古事記《こじき》／日本書紀《にほんしょき》
- 作り物語：竹取《たけとり》物語 — うつほ物語／落窪《おちくぼ》物語 — 源氏《げんじ》物語（紫式部《むらさきしきぶ》） — 浜松中納言《はままつちゅうなごん》物語／夜《よる》の寝覚《ねざめ》／狭衣《さごろも》物語 — 堤中納言《つつみちゅうなごん》物語／とりかへばや物語
- 歌物語：伊勢《いせ》物語 — 大和《やまと》物語／平中《へいちゅう》物語
- 歴史物語：栄花《えいが》物語 — 大鏡《おおかがみ》 — 今鏡《いまかがみ》

日記

- 土佐《とさ》日記（紀貫之《きのつらゆき》） — 蜻蛉《かげろう》日記（藤原道綱母《ふじわらのみちつなのはは》） — 和泉式部《いずみしきぶ》日記／紫式部《むらさきしきぶ》日記 — 更級《さらしな》日記（菅原孝標女《すがわらのたかすえのむすめ》） — 成尋阿闍梨母集《じょうじんあじゃりのははしゅう》〈日記的歌集〉 — 讃岐典侍《さぬきのすけ》日記

随筆

- 枕草子《まくらのそうし》（清少納言《せいしょうなごん》）

詩歌・評論など

- 和歌集：万葉集《まんようしゅう》
- 勅撰《ちょくせん》和歌集：古今《こきん》和歌集（紀貫之《きのつらゆき》ら撰） — 後撰《ごせん》和歌集（清原元輔《きよはらのもとすけ》ら撰） — 拾遺《しゅうい》和歌集〔以上、三代集〕 — 後拾遺《ごしゅうい》和歌集 — 金葉《きんよう》和歌集 — 詞花《しか》和歌集 — 千載《せんざい》和歌集（藤原俊成《ふじわらのとしなり》撰）〔古今和歌集から千載和歌集まで、八代集〕
- 漢詩文集：懐風藻《かいふうそう》 — 文華秀麗集《ぶんかしゅうれいしゅう》
- 詩歌集：和漢朗詠集《わかんろうえいしゅう》（藤原公任《ふじわらのきんとう》撰）
- 歌謡集：梁塵秘抄《りょうじんひしょう》
- 私家集：山家集《さんかしゅう》（西行《さいぎょう》）
- 歌論：古今《こきん》和歌集仮名序《かなじょ》（紀貫之） — 俊頼髄脳《としよりずいのう》（源《みなもとの》俊頼）

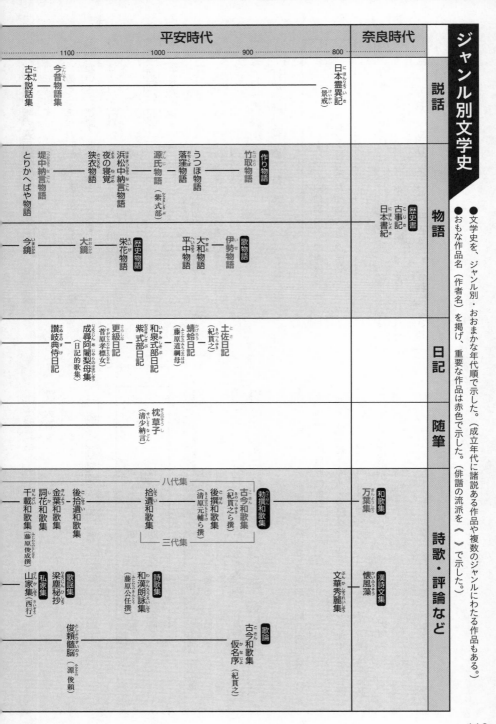

	江戸時代	室町時代	鎌倉時代
	1800 ······ 1700	1600 ······ 1400	1300 ······ 1200
			発心集《ほっしんしゅう》（鴨長明《かものちょうめい》） 宇治拾遺《うじしゅうい》物語 閑居友《かんきょのとも》 十訓抄《じっきんしょう》 古今著聞集《ここんちょもんじゅう》（橘《たちばなの》 成季《なりすえ》） 沙石集《しゃせきしゅう》（無住《むじゅう》）
小説・戯曲など	**仮名草子** 醒睡笑《せいすいしょう》（安楽庵策伝《あんらくあんさくでん》） **浮世草子《うきよぞうし》** 好色一代男《こうしょくいちだいおとこ》・好色五人女《こうしょくごにんおんな》・日本永代蔵《にっぽんえいたいぐら》・世間胸算用《せけんむねさんよう》（井原西鶴《いはらさいかく》） **浄瑠璃《じょうるり》** 曽根崎心中《そねざきしんじゅう》・冥途《めいど》の飛脚《ひきゃく》・国性爺合戦《こくせんやかっせん》（近松門左衛門《ちかまつもんざえもん》） **読本《よみほん》** 雨月《うげつ》物語（上田秋成《うえだあきなり》） 南総里見八犬伝《なんそうさとみはっけんでん》（曲亭馬琴《きょくていばきん》） **滑稽本《こっけいぼん》** 東海道中膝栗毛《とうかいどうちゅうひざくりげ》（十返舎一九《じっぺんしゃいっく》）	神皇正統記《じんのうしょうとうき》（北畠親房《きたばたけちかふさ》） 増鏡《ますかがみ》 太平記《たいへいき》 曽我《そが》物語 義経記《ぎけいき》	**擬古物語** 松浦宮《まつらのみや》物語 愚管抄《ぐかんしょう》（慈円《じえん》） 水鏡《みずかがみ》 **軍記物語** 保元《ほうげん》物語 平治《へいじ》物語 平家《へいけ》物語 源平盛衰記《げんぺいじょうすいき》
	俳諧紀行文 おくのほそ道《みち》・笈《おい》の小文《こぶみ》（松尾芭蕉）		**紀行文** 海道記《かいどうき》 東関紀行《とうかんきこう》 建礼門院右京大夫集《けんれいもんいんうきょうのだいぶしゅう》〈日記的歌集〉 十六夜《いざよい》日記（阿仏尼《あぶつに》） とはずがたり
	折《おり》たく柴《しば》の記《き》（新井白石《あらいはくせき》） 玉勝間《たまかつま》（本居宣長《もとおりのりなが》） 花月草紙《かげつそうし》（松平定信《まつだいらさだのぶ》）		方丈記《ほうじょうき》（鴨長明《かものちょうめい》） 徒然草《つれづれぐさ》（兼好《けんこう》法師）
	《貞門《ていもん》》（松永貞徳《まつながていとく》） 《談林《だんりん》》（西山宗因《にしやまそういん》） 《蕉風《しょうふう》》（松尾芭蕉《まつおばしょう》） 猿蓑《さるみの》 炭俵《すみだわら》 **俳文集** 風俗文選《ふうぞくもんぜん》（森川許六《もりかわきょりく》編） 鶉衣《うずらごろも》（横井也有《よこいやゆう》） **俳諧句文集** 新花摘《しんはなつみ》（与謝蕪村《よさぶそん》） おらが春《はる》（小林一茶《こばやしいっさ》） **国学** 万葉代匠記《まんようだいしょうき》（契沖《けいちゅう》） 歌意考《かいこう》・万葉考《まんようこう》（賀茂真淵《かものまぶち》） 源氏物語玉《たま》の小櫛《おぐし》・古事記伝《でん》（本居宣長） **俳論** 三冊子《さんぞうし》（服部土芳《はっとりとほう》） 去来抄《きょらいしょう》（向井去来《むかいきょらい》）	**連歌集** 菟玖波《つくば》集（二条良基《にじょうよしもと》ら撰） 新撰菟玖波《しんせんつくば》集（宗祇《そうぎ》ら撰） **俳諧集** 犬筑波《いぬつくば》集（山崎宗鑑《やまざきそうかん》編） **能楽論** 風姿花伝《ふうしかでん》（世阿弥《ぜあみ》） **連歌論** ささめごと（心敬《しんけい》）	新古今和歌集（藤原定家《ふじわらのさだいえ》ら撰） **私撰集** 小倉《おぐら》百人一首（藤原定家撰） 金槐《きんかい》和歌集（源 実朝《みなもとのさねとも》） 無名抄《むみょうしょう》（鴨長明） 毎月抄《まいげつしょう》（藤原定家） **物語論** 無名草子《むみょうぞうし》

用言活用表

◆動詞活用表

種類	例語	語幹	未然形	連用形	終止形	連体形	已然形	命令形	ポイント
四段活用	書く	書	か a	き i	く u	く u	け e	け e	・「a・i・u・e」の四段で活用する。
上二段活用	起く	起	き i	き i	く u	くる uる	くれ uれ	きよ iよ	・「i・u」の二段で活用する。
下二段活用	受く	受	け e	け e	く u	くる uる	くれ uれ	けよ eよ	・「u・e」の二段で活用する。
上一段活用	見る	○	み i	み i	みる iる	みる iる	みれ iれ	みよ iよ	・「i」の一段で活用する。
下一段活用	蹴《け》る	○	け	け	ける	ける	けれ	けよ	・「蹴る」の一語のみ。
カ行変格活用	来《く》	○	こ	き	く	くる	くれ	こ こよ	・「来」の一語のみ。
サ行変格活用	す	○	せ	し	す	する	すれ	せよ	・「す」「おはす」のみ。「具す」などの複合動詞もある。
ナ行変格活用	死ぬ	死	な	に	ぬ	ぬる	ぬれ	ね	・「死ぬ」「往《い》(去《い》)ぬ」のみ。
ラ行変格活用	あり	あ	ら	り	り	る	れ	れ	・「あり」「をり」「侍《はべ》り」「いますがり」のみ。

◆形容詞活用表

種類	例語	語幹	未然形	連用形	終止形	連体形	已然形	命令形	「本活用」の後ろには助動詞以外の語が付く。「補助（カリ）活用」の後ろには助動詞が付く。
ク活用	高し	高	○	く	し	き	けれ	○	本活用
			から	かり	○	かる	○	かれ	補助（カリ）活用
シク活用	うつくし	うつく	○	しく	し	しき	しけれ	○	本活用
			しから	しかり	○	しかる	○	しかれ	補助（カリ）活用

◆形容動詞活用表

種類	例語	語幹	未然形	連用形	終止形	連体形	已然形	命令形
ナリ活用	あはれなり	あはれ	なら	なり に	なり	なる	なれ	なれ
タリ活用	漫々《まんまん》たり	漫々	たら	たり と	たり	たる	たれ	たれ

おもな助動詞活用表

接続	基本形	未然形	連用形	終止形	連体形	已然形	命令形	活用の型	おもな意味（訳）
未然形	る	れ	れ	る	るる	るれ	れよ	下二段型	①自発（自然と〜される・思わず〜してしまう） ②可能（〜できる） ③受身（〜される） ④尊敬（〜なさる・お〜になる）
	らる	られ	られ	らる	らるる	らるれ	られよ		
	す	せ	せ	す	する	すれ	せよ	下二段型	①使役（〜させる） ②尊敬（〜なさる・お〜になる）
	さす	させ	させ	さす	さする	さすれ	させよ		
	しむ	しめ	しめ	しむ	しむる	しむれ	しめよ		
	ず	○	ず	ず	ぬ	ね	○	特殊型	打消（〜ない）
		ざら	ざり	○	ざる	ざれ	ざれ		
	む（ん）	○	○	む（ん）	む（ん）	め	○	四段型	①推量（〜だろう） ②意志（〜よう） ③勧誘・適当（〜しないか・〜がよい） ④仮定・婉曲《えんきょく》（〜としたら・〜ような）
	むず（んず）	○	○	むず（んず）	むずる（んずる）	むずれ（んずれ）	○	サ変型	
	まし	ましか（ませ）	○	まし	まし	ましか	○	特殊型	①反実仮想（もし〜としたら…だろうに） ②ためらいの意志（〜ようかしら）
	じ	○	○	じ	じ	じ	○	無変化型	①打消推量（〜ないだろう・〜まい） ②打消意志（〜ないつもりだ・〜まい）
	まほし	○	まほしく	まほし	まほしき	まほしけれ	○	形容詞型	希望（〜たい）
		まほしから	まほしかり	○	まほしかる	○	○		
連用形	き	（せ）	○	き	し	しか	○	特殊型	過去（〜た）
	けり	（けら）	○	けり	ける	けれ	○	ラ変型	①過去（〜た・〜たそうだ） ②詠嘆（〜たなあ）
	つ	て	て	つ	つる	つれ	てよ	下二段型	①完了（〜た・〜てしまった） ②強意（きっと〜・必ず〜）
	ぬ	な	に	ぬ	ぬる	ぬれ	ね	ナ変型	

	たり	たら	たり	たり	たる	たれ	たれ	ラ変型	①存続（～ている・～てある）②完了（～た・～てしまった）
	たし	○ / たから	たく / たかり	たし / ○	たき / たかる	たけれ / ○	○ / ○	形容詞型	希望（～たい・～てほしい）
	けむ（けん）	○	○	けむ（けん）	けむ（けん）	けめ	○	四段型	①過去推量（～ただろう）②過去の原因推量（～たのだろう）③過去の伝聞・婉曲（～たとかいう・～たような）
終止形（ラ変型には連体形接続）	らむ（らん）	○	○	らむ（らん）	らむ（らん）	らめ	○	四段型	①現在推量（今ごろ～ているだろう）②現在の原因推量（～ているのだろう）③現在の伝聞・婉曲（～とかいう・～ような）
	めり	○	（めり）	めり	める	めれ	○	ラ変型	①推定（～ように見える）②婉曲（～ようだ）
	らし	○	○	らし	らし	らし	○	無変化型	推定（～らしい）
	べし	○ / べから	べく / べかり	べし / ○	べき / べかる	べけれ / ○	○ / ○	形容詞型	①推量（～だろう）②意志（～よう）③可能（～できる）④当然（～はずだ・～べきだ）⑤命令（～せよ）⑥適当（～がよい）
	まじ	○ / まじから	まじく / まじかり	まじ / ○	まじき / まじかる	まじけれ / ○	○ / ○	形容詞型	①打消推量（～ないだろう）②打消意志（～ないつもりだ）③不可能（～できない）④打消当然（～はずがない）⑤禁止（～してはいけない）⑥不適当（～ないのがよい）
	なり	○	（なり）	なり	なる	なれ	○	ラ変型	①伝聞（～そうだ・～ということだ）②推定（～が聞こえる・～ようだ）
連体形・体言	なり	なら	なり / に	なり	なる	なれ	なれ	形容動詞型	①断定（～だ・～である）②存在（～にある・～にいる）
体言	たり	たら	たり / と	たり	たる	たれ	たれ	形容動詞型	断定（～だ・～である）
・連体形・体言 ・助詞「が」「の」	ごとし	（ごとく）	ごとく	ごとし	ごとき	○	○	形容詞型	①比況（～のようだ）②例示（～ような・～など）
・サ変の未然形 ・四段の已然形	り	ら	り	り	る	れ	れ	ラ変型	①存続（～ている・～てある）②完了（～た・～てしまった）

おもな助詞一覧

格助詞

語	意味（訳）	接続
の が	主格（〜が） 連体格（〜の） 同格（〜で） 準体格〈体言の代用〉（〜のもの） 連用格（〜のように）	体言 連体形
を	動作の対象・場所・時間（〜を）	
に	時間・場所・結果・原因・目的・〈受身・使役・比較の〉対象（〜に）	
へ	方向（〜へ）	体言
と	共同・変化・比較・並列・引用（〜と） 比喩（〜のように）	体言 連体形
より	比較（〜より） 起点（〜から） 経由（〜を通って） 手段・方法（〜で） 即時（〜とすぐに）	
にて	時・場所・原因・手段・状態（〜で）	
して	手段・方法（〜で） 使役の対象（〜に命じて） 動作の仲間（〜と）	

係助詞

語	意味（訳）	接続
は	他と区別して取り立てる（〜は）	種々の語
も	添加（〜もまた） 並列・列挙（〜も） 強意・感動（〜もまあ）	
ぞ なむ（なん） こそ	強意〈訳さなくてよい〉	
や（やは） か（かは）	疑問（〜か） 反語（〜か、いや〜ない）	

副助詞

語	意味（訳）	接続
だに	類推（〜さえ） 最小限の希望（せめて〜だけでも）	種々の語
すら	類推（〜さえ）	
さへ	添加（〜までも）	
のみ	限定（〜だけ） 強意（特に〜）	
ばかり	程度・範囲（〜くらい・〜ほど） 限定（〜だけ）	
まで	範囲・限度（〜まで） 程度（〜ほど）	
し しも	強意〈訳さなくてよい〉	

接続助詞

語	意味（訳）	接続
ば	順接仮定条件（もし〜ならば）	未然形
	順接確定条件 原因・理由（〜ので・〜から） 偶然条件（〜すると・〜したところ） 恒常条件（〜するといつも）	已然《いぜん》形
と とも	逆接仮定条件（たとえ〜ても）	動詞型の語の終止形 形容詞型の語の連用形
ど ども	逆接確定条件（〜のに・〜けれども）	已然形
が	逆接確定条件（〜のに・〜けれども） 単純接続（〜すると・〜したところ）	連体形
に を	逆接確定条件（〜のに・〜けれども） 単純接続（〜すると・〜したところ） 順接確定条件（〜ので・〜から）	
て して	単純接続（〜て）	連用形
で	打消の接続（〜しないで）	未然形
つつ	動作の反復・継続（〜しては、〜て） 動作の並行（〜ながら）	連用形
ながら	逆接確定条件（〜のに・〜けれども） 動作の並行（〜ながら） 状態の継続（〜のままで）	連用形 形容詞語幹 体言
ものの ものを ものから ものゆゑ	逆接確定条件（〜のに・〜けれども）	連体形

終助詞

語	意味（訳）	接続
ばや	自己の希望（〜したいなあ）	未然形
なむ（なん）	他者への願望（〜してほしい）	
てしがな にしがな	自己の希望（〜したいものだなあ）	連用形
がな もがな	願望（〜があればなあ・〜がほしいなあ）	体言など
かし	念押し（〜よ・〜ね）	文末
な	禁止（〜するな）	終止形 （ラ変型には連体形に付く）
そ	「な〔副詞〕〜そ」の形で禁止（〜するな）	連用形 （カ変・サ変には未然形に付く）
か かな	詠嘆（〜なあ）	体言 連体形
な	詠嘆（〜なあ）	文末

間投助詞

語	意味（訳）	接続
や	詠嘆（〜よ・〜なあ）	種々の語
よ	呼びかけ（〜よ）	
を	詠嘆（〜よ・〜なあ）	

おもな敬語動詞一覧

●尊敬語

尊敬語の本動詞	現代語訳	普通の語
おはす おはします	いらっしゃる	あり 行く・来《く》
仰《おほ》す のたまふ のたまはす	おっしゃる	言ふ
思《おぼ》す 思し召す	お思いになる	思ふ
大殿《おほとの》ごもる	おやすみになる	寝《ぬ》・寝《い》ぬ
聞こし召す	お聞きになる 召し上がる お治めになる	聞く 食ふ・飲む 治む
御覧ず	ご覧になる	見る
奉《たてまつ》る	召し上がる お召しになる お乗りになる	食ふ・飲む 着る 乗る
給《たま》ふ（賜《たま》ふ） 賜《た》ぶ たまはす	お与えになる くださる	与ふ・授く
参る	召し上がる	食ふ・飲む
召す	お呼びになる お乗りになる 召し上がる お召しになる	呼ぶ 乗る 食ふ・飲む 着る

尊敬語の補助動詞	現代語訳
給ふ〔四段〕 おはす おはします	お〜になる・〜なさる （〜いらっしゃる）

謙譲語

謙譲語の本動詞	現代語訳	普通の語
承る	お聞きする・お受けする	聞く・受く
存ず	存じる	思ふ・知る
侍《はべ》り 候《さぶら》ふ・候《さうら》ふ	お仕えする 伺候《しこう》する おそばに控え申し上げる	あり・をり・仕ふ
参る・まうづ	参上する	行く・来《く》
まかる・まかづ	退出する	
参る・参らす・奉《たてまつ》る	差し上げる	与ふ
賜《たまは》る	いただく	受く
仕《つか》うまつる・仕《つかまつ》る	お仕えする いたす	仕ふ す
申す・聞こゆ・聞こえさす 奏《そう》す 啓《けい》す	申し上げる (帝《みかど》・院に)申し上げる (中宮・皇太子に)申し上げる	言ふ

謙譲語の補助動詞	現代語訳
奉る 参らす 聞こゆ 申す	お〜申し上げる・お〜する・ 〜て差し上げる
給《たま》ふ〔下二段〕	〜ております・〜ます

丁寧語

丁寧語の本動詞	現代語訳	普通の語
侍《はべ》り 候《さぶら》ふ・候《さうら》ふ	あります・ございます	あり・をり

丁寧語の補助動詞	現代語訳
侍り 候《さぶら》ふ・候《さうら》ふ	〜ございます・〜です・〜ます

編集協力　そらみつ企画
(株) ことば舎／(株) 東京出版サービスセンター／
國本美智子／山本咲子
装丁デザイン　(株) ライトパブリシティ
本文デザイン　イイタカデザイン